A estreia do

LÍDER

Paulo Vieira de Campos

A estreia do

ER

Os Primeiros Passos na Trilha da Liderança

A Estreia do Líder — Os primeiros passos na trilha da liderança
Copyright © 2017 da Starlin Alta Editora e Consultoria Eireli. ISBN: 978-85-508-0192-6

Impresso no Brasil — 2017 - Edição revisada conforme o Acordo Ortográfico da Língua Portuguesa de 2009.

Publique seu livro com a Alta Books. Para mais informações envie um e-mail para autoria@altabooks.com.br

Obra disponível para venda corporativa e/ou personalizada. Para mais informações, fale com projetos@altabooks.com.br

Produção Editorial
Editora Alta Books

Produtor Editorial
Thiê Alves

Assistente Editorial
Illysabelle Trajano

Gerência Editorial
Anderson Vieira

Supervisão de Qualidade Editorial
Sergio de Souza

Produtor Editorial (Design)
Aurélio Corrêa

Editor de Aquisição
José Rugeri
j.rugeri@altabooks.com.br

Marketing Editorial
Silas Amaro
marketing@altabooks.com.br

Vendas Corporativas
Sandro Souza
sandro@altabooks.com.br

Vendas Atacado e Varejo
Daniele Fonseca
Viviane Paiva
comercial@altabooks.com.br

Ouvidoria
ouvidoria@altabooks.com.br

Equipe Editorial
Bianca Teodoro
Christian Danniel
Ian Verçosa
Juliana de Oliveira
Renan Castro

Revisão Gramatical
Célia Gorski
Vivian Sbravatti

Layout, Diagramação e Capa
Guilherme Xavier

Dados Internacionais de Catalogação na Publicação (CIP)
Odilio Hilario Moreira Junior CRB-8/9949

C186e Campos, Paulo Vieira de

A estreia do líder: os primeiros passos na trilha da liderança / Paulo Vieira de Campos. - Rio de Janeiro : Alta Books, 2017.
176 p. : il. ; 16cm x 23cm.

Inclui apêndice.
ISBN: 978-85-508-0192-6

1. Liderança. 2. Administração de empresas. I. Título.

CDD 658.4092
CDU 658.3

Rua Viúva Cláudio, 291 — Bairro Industrial do Jacaré
CEP: 20970-031 — Rio de Janeiro - RJ
Tels.: (21) 3278-8069 / 3278-8419
www.altabooks.com.br — altabooks@altabooks.com.br
www.facebook.com/altabooks

Para Fernanda, Henrique e
Frederico, meus eternos amores.

A TAREFA NÃO CONSISTE TANTO EM VER
O QUE NINGUÉM ATÉ HOJE VIU,
MAS EM PENSAR O QUE NINGUÉM PENSOU
ATÉ AGORA SOBRE AQUILO QUE TODOS VEEM.

ARTHUR SCHOPENHAUER

Sumário

AGRADECIMENTOS

Escrever um livro é um processo muito desafiador. Ainda mais quando é o seu primeiro! Sem o apoio destas pessoas, este livro não existiria...

Em primeiro lugar, agradeço à minha mulher Fernanda Ribas pela cumplicidade de ideias, incentivo e apoio incondicional. Meus filhos, Henrique e Frederico, que são a fonte de inspiração e prática diária sobre a arte de aprender, liderar, ensinar e transformar.

Meus pais, Fausto e Maria Elizabeth, pela vida que me deram e pelos primeiros ensinamentos. Meu irmão e melhor aluno, Kiko Campos, prova de que muitas vezes o aluno supera o professor.

Meus amigos e professores Marisabel Ribeiro, Romeo Busarello e Ricardo Farah, que muito me ensinaram sobre a arte de conduzir uma sala de aula, implementar uma ideia e ter um propósito.

À querida Juliana De Mari que, depois de ter sido minha aluna, me convidou para escrever no blog do Mochileiro Corporativo da revista VOCÊ S/A (de 2010 a 2016) onde as minhas ideias começaram a ganhar mais ouvintes.

Meus alunos que nessa minha caminhada de 25 anos como professor no Insper, Sustentare e Espm me ensinaram na prática como um líder reage nas transições de liderança.

Um dos locais em que mais aprendi sobre liderança é na AfferoLab onde trabalho há 11 anos como instrutor. Alexandre Santille e Conrado Schlochauer são dois amigos, mestres e profissionais que aprendi a admirar pela visão empreendedora de trabalhar com educação.

Ao Pedro Mello, que me ensinou a importância de vender uma ideia em 60 segundos e sempre possibilitou um aprendizado prático!

À minha amiga Marta Fujji, pelas conversas e provocações e, sem dúvida, pela indicação da jornalista Clélia Gorski, que revisou todo o livro e me deu várias dicaDukas para este projeto.

Quando a história deste livro começou, foi dos editores Marco Pace e J. A. Rugeri que recebi as primeiras dicas e sugestões para essa conquista!

Ao meu editor Anderson Vieira, pela flexibilidade, paciência e incentivo.

Um obrigado especial ao Lucas Rossi e Murilo Ohl, principalmente pelas sugestões, palavras e indicação de artigos para o planejamento do livro.

O visual deste livro é fruto do Guilherme Xavier, da Desenho Editorial, parceiro que conseguiu traduzir minhas ideias para o livro e trouxe contribuições práticas para este projeto.

Há um grupo de pessoas que, pelo incentivo, dicas e sugestões, foi importante para eu chegar até aqui... Wilmar Cidral, Sandro Magaldi, Eduardo Carmelo e Sidnei Alcântara de Oliveira.

E a você, leitor, que me honra pelo seu interesse. Espero poder contribuir para sua prática como líder.

PREFÁCIO

Conheci o Paulo em 2009. Ele era um dos professores do curso de especialização em *Gestão de Inovação*, do IBMEC, atual Insper, em São Paulo. Nunca esqueci da provocação que ele fazia no começo de cada uma das suas aulas: "O que você fez pela primeira vez hoje?" Paulo jogava essa reflexão para a turma, formada por profissionais de diversas áreas, e nos questionava sobre como estávamos encarando as possibilidades de aprendizado no dia a dia. Era fácil notar, muitas vezes, o quanto tínhamos nosso olhar viciado para o cotidiano e o quanto trabalhávamos no modo repetição, fazendo mais do mesmo sem perceber. Dois anos depois do curso, em 2011, as lembranças de quão instigantes eram essas conversas nas aulas com o Paulo me levaram a convidá-lo a participar da rede de blogs da VOCÊ S/A, revista que, à época, eu dirigia. Nascia aí o blog *Mochileiro Corporativo*, que ele manteve até dezembro de 2016 no site da revista EXAME e que inspirou este livro. Atualmente, seus textos e videoaulas estão no site do *Mochileiro Corporativo*.

Outro dia, ao assistir ao filme *Spotlight*, lembrei da provocação de Paulo nas aulas do Insper. A história desse suspense, que venceu o Oscar de melhor filme em 2016, gira em torno da redação do jornal americano *Boston Globe* e de como uma equipe de repórteres especiais, instigados pelo desafio de olhar uma questão pela segunda vez, chegou a um resultado extraordinário. As mesmas denúncias que haviam sido praticamente ignoradas alguns anos antes ganharam repercussão mundial, trabalho que foi fundamental para que o jornal atingisse seus objetivos de aumentar a relevância junto aos seus leitores locais. O que fez a situação mudar na investigação do *Boston Globe* foi a chegada de um novo LÍDER – o editor-chefe do jornal – que praticou os quatro pilares da liderança que Paulo cita ao longo deste livro: aprender, liderar, ensinar e transformar.

O editor chegou de outra cidade com um olhar fresco para boas histórias e teve a capacidade de fazer a equipe refletir sobre o modo como estava trabalhando. Ele deu orientação, apoio e espaço para que cada um desempenhasse o melhor de si. Que lições nós podemos tirar daí? A um líder não basta a capacidade de distribuir tarefas, sendo necessário, sobretudo, desenvolver as pessoas com quem trabalha, mesmo que nem sempre encontre a equipe dos seus sonhos pronta. E isso ele só consegue se estiver, ele próprio, disposto a também descobrir coisas novas para conseguir ensinar o que já sabe. O novo editor do *Boston Globe* teve a humildade e a curiosidade de aprender sobre a cidade e as pessoas com as quais trabalharia antes de dar ordens. No começo, ouviu mais do que falou e, depois, tendo conquistado a confiança do time e ciente de que estava lidando com jornalistas experientes, soube estimulá-los por meio de perguntas provocadoras e uma visão clara a respeito do que deveria ser o foco da delicada e exaustiva missão que tinham pela frente: uma série de reportagens sobre a conivência da arquidiocese de Boston com a prática da pedofilia.

Como jornalista, fiquei tocada com a história de *Spotlight*, não só pela importância do assunto sobre o qual o filme trata – foi glorioso ver a garra da equipe de jornalistas envolvida nessa apuração tão complicada. Como gestora, depois de 16 anos à frente das redações das revistas VOCÊ S/A, VOCÊ RH e COSMOPOLITAN, foi estimulante perceber a influência da liderança do editor-chefe no resultado do trabalho. As palavras de Paulo na introdução do livro definem o motivo da minha admiração: "Liderar é resolver problemas. As dificuldades são a regra, e não a exceção, no dia a dia de um gestor. Um bom líder é aquele que não apenas se acostuma com o cenário em constante mutação, mas anseia para que novos pepinos e abacaxis apareçam. Só assim ele poderá demonstrar suas habilidades em resolvê-las (dar resultados) e aprender com elas".

Essas e outras reflexões sobre liderança são apresentadas por Paulo ao longo do livro de uma maneira informal, usando uma linguagem e uma estrutura fiéis ao seu jeito de expor conceitos em suas aulas e nos seus textos do blog. Com leveza, Paulo nos conduz a um passeio por um conteúdo vasto, cheio de oportunidades de paradas para reflexão. Citações de autores tão diferentes quanto o escritor Guimarães Rosa e o guru corporativo Ram Charan se alternam e servem para exemplificar posturas e atitudes que um bom líder precisa ter. Não espere, porém, que este livro seja uma receita pronta de como ser um líder eficaz. Esta é uma leitura que oferece muitos insights e se complementa com a sua participação como leitor ou leitora. Ou seja, conta com a capacidade que você tem de refletir sobre a sua experiência e a sua prontidão para aplicar o que surge a partir daí de forma pertinente à sua realidade. Uma coisa é certa: o livro ajudará quem está diante do desafio da liderança a pensar sobre como exercer esse papel conciliando aprendizado e crescimento, os seus e os da sua equipe.

Liderar é uma experiência enriquecedora que exige um profundo exercício de autoconhecimento. Por isso, aumentar a consciência de si é uma premissa para inspirar e influenciar os outros. Sim, liderança é uma ação racional e intencional, mas depende em grandes doses da capacidade de lidar com o "fator humano" e suas emoções. Ninguém lidera conceitualmente. É só na prática que a liderança acontece e, na prática, as pessoas nem sempre sentem e pensam da mesma maneira a respeito de uma mesma questão. É por isso que desenvolver a empatia, a capacidade de sentir com o outro (não pelo outro) e de compreender sua forma de funcionar é tão importante para mobilizar uma equipe. Porque, nos dias de hoje, desenvolvimento não é uma escolha. É uma premissa e uma obrigação do líder, que não deve deixar essa decisão na mão dos seus liderados. Um líder comprometido pode e deve instigar as pessoas para clarear os passos que cada um precisa dar nessa jornada em nome de uma contribuição coletiva com muitos ganhos individuais.

Tenho a alegria e a honra de apresentar este livro no momento em que estou mudando o rumo da minha vida profissional. Depois de mais de 20 anos atuando como jornalista, decidi dar novo foco ao meu propósito de ajudar as pessoas em seus processos de desenvolvimento. Respondendo, mais uma vez, àquela pergunta de Paulo sobre "o que estou fazendo pela primeira vez", faço minha estreia agora em uma carreira como Coach, formada pelo Instituto de Coaching Integrado (ICI), em curso aprovado pelo International Coach Federation (ICF). Paulo e seu livro jogam luz nessa aventura que eu, você e todo mundo que segue a sua inquietação escolhe como modo de vida.

JULIANA DE MARI

INTRODUÇÃO

A administração de empresas é uma ciência relativamente nova. Boa parte das ideias de gestão que usamos hoje começou a ser pensada e organizada no século 19. Já a liderança é inerente à vida em sociedade: ela é um dos mecanismos de organização de um grupo. Portanto, há registros bem mais antigos sobre sua forma e atuação: as narrativas épicas da Grécia Antiga, como a Ilíada, de Homero, estão recheadas de comandantes heroicos na condução de seus guerreiros. Podemos dizer que *O Príncipe*, de Maquiavel, é um best-seller de liderança escrito há quase 500 anos. Milhões de páginas sobre a arte de orientar pessoas foram publicadas e, no entanto, liderar continua sendo um desafio. Nós continuamos tentando entender o que é liderar e como podemos melhorar nessa missão. Por que isso ocorre?

Porque a todo momento novas pessoas desembarcam em cargos de gestão. E não importa o quanto exista de teoria, nada substitui o calafrio de desempenhar esse papel pela primeira vez. Claro que temos muitas experiências de liderança fora da nossa vida profissional, como alunos ou como pais, por exemplo. Mas assumir pela primeira vez a responsabilidade de ser "chefe" significa estrear oficialmente em um campo inédito. Do que consiste esse terreno novo?

Com mais de 25 anos de atuação como professor em cursos de pós-graduação e treinamentos internos em muitas grandes empresas brasileiras, compreendi, no exercício da minha profissão, que a liderança é um grande ciclo de educação.

Ele tem início com uma fase de profunda aprendizagem da nova função, segue com o amadurecimento desse papel por meio da prática e se completa quando o líder assume a responsabilidade pelo desenvolvimento das pessoas de sua equipe e pela formação de seus sucessores. Resumindo, as tarefas do líder são: aprender, liderar e ensinar. A essas três palavras se junta uma quarta: transformar, que tem a ver com o resultado do processo de liderança, tanto para o gestor quanto para as pessoas que compõem sua equipe. A liderança deve ser transformadora no sentido de que todos deveriam sair dessa relação melhor do que entraram.

Jim Collins, o superespecialista em gestão, autor do livro *Empresas Feitas para Vencer – Good to Great* (2007) e do conceito de Liderança Nível 5, diz que um executivo deve encarar todas as situações que vivencia com uma mentalidade de aprendiz. Aprender deve ser um trabalho permanente de todo profissional. "*Ao lado de uma lista de tarefas a fazer, todo executivo deve ter uma lista de coisas a aprender*", escreveu Collins em um artigo para a revista americana *Inc.*

Agora pense em quando tudo começa: imagine que seu chefe o convoca para uma reunião e o informa que, a partir da próxima segunda, você será o novo líder da área, com 20% de aumento no salário. Uma ótima notícia, claro. Uma semana depois, você pensa em desistir. Na minha trajetória de professor, vi essa cena se repetir dezenas de vezes. Jovens líderes descobrem rápido que liderar é uma jornada difícil (e que o aumento nem de longe cobre a responsabilidade assumida). Precisamos aprender muitas coisas, dar resultado rápido, conhecer a equipe! E a cada minuto as coisas mudam e uma nova bomba estoura!

Liderar, como veremos ao longo deste livro, se trata exatamente disso: resolver problemas. As dificuldades são a regra, e não a exceção, no dia a dia de um gestor. Um bom líder é aquele que não apenas se acostuma com um cenário em constante mutação, mas anseia para que novos pepinos e abacaxis apareçam. Só assim ele poderá demonstrar suas habilidades em resolvê-las e aprender com elas.

A liderança também é uma experiência humana enriquecedora. Para conduzir uma equipe e assumir a responsabilidade por um resultado, o profissional terá de mergulhar em um intenso e, acredito, permanente exercício de autoconhecimento. Para inspirar, motivar e influenciar os integrantes da equipe, o líder deverá fortalecer sua sensibilidade e aguçar suas percepções. Só assim ele pode praticar a empatia e entender o que seus subordinados estão sentindo. Liderança é uma atividade racional, mas depende de emoção.

Por causa dessa riqueza de autoconhecimento que a liderança proporciona – para quem investe para valer em seu desenvolvimento como líder –, costumo dizer que ela é transformadora. Ela molda a pessoa para sempre. É como ser pai ou mãe pela primeira vez. Não há volta. Por isso, liderar é exercer o nobre e fundamental papel de desenvolver novos profissionais para que eles atinjam seu máximo potencial e contribuam efetivamente para a empresa. O líder é um professor que ensina pelo exemplo e por isso mesmo também é responsável por transmitir valores éticos e morais para sua equipe.

Muitos autores consideram que a transição de colaborador individual para líder é a mais drástica que uma carreira pode oferecer. O profissional deixa de se concentrar em uma determinada habilidade técnica para assumir o fardo de obter resultados por meio de outras pessoas. Essa transição chega a doer. As pessoas precisam renunciar a tarefas que gostavam de fazer e começar a aprender competências novas, algumas inéditas. O famoso coach americano Marshall Goldsmith tem um livro, *Reinventando O Seu Próprio Sucesso* (Elsevier, 2007), cujo título em inglês explica essa transição: o que te trouxe aqui não te levará lá. Como um réptil, o novo líder precisa trocar de pele.

Ao assumir um primeiro cargo de gestão, o profissional passa a fazer um papel importante: o de disseminar a estratégia da empresa, ser a ponte entre a alta gestão e os níveis operacionais. Isso significa um enorme esforço de comunicação. O líder deve traduzir a estratégia em uma mensagem simples, clara e precisa. Seus subordinados precisam saber exatamente para onde caminham e porque o trabalho deles é importante para que a empresa tenha destaque em seu mercado. Em muitas situações, o líder será responsável por encher de significado aquela tarefa que o subordinado cumpre sem envolvimento. É ao valorizar o trabalho que o gestor traz o integrante de sua equipe para perto de si. Essa é a verdadeira motivação.

Encarar o primeiro desafio da liderança significa lidar no curto prazo com o medo de errar. Mesmo reconhecendo a inexperiência do líder, a empresa espera resultados. Os negócios não param para o líder aprender. Ainda que a pessoa trabalhe em um ambiente tolerante e inovador, o erro tem um peso psicológico enorme. Por isso, os primeiros dias na função de chefe são intensos, cheios de tensões e dúvidas. Um líder novo é uma pessoa em estado de permanente prontidão.

Engana-se, porém, quem acredita que a vida fica mais fácil depois dos primeiros meses como líder. Logo o profissional percebe que os desafios mudam, o cenário do mercado vira de ponta cabeça e a empresa revê seus objetivos. E aí toca a aprender de novo, reformular a comunicação, redistribuir tarefas e lutar para manter a equipe motivada diante da mudança e da incerteza. O processo de aprendizado do líder é constante. Um dos meus autores favoritos, que eu citarei neste livro, é Ram Charan, autor de *Pipeline de Liderança*. Nessa obra, o especialista indiano mostra que o desenvolvimento de um gestor pode ser dividido em fases: primeiro ele é líder de si mesmo, depois é líder de equipe, líder de líderes e daí em diante. A evolução profissional deve ser contínua. Devemos manter sempre inconclusa a nossa lista de coisas a aprender.

A liderança é uma habilidade que se adquire com a experiência. Quanto mais você se expuser a desafios, mais aprendizado vai adquirir. Quando o assunto é liderança, vale a regra do 70/20/10. A prática responde por 70% do aprendizado, 20% vem da orientação, modelo ou do feedback e 10% é teoria. Quem deseja se desenvolver como líder, precisa se jogar no mar na prática. Este livro se propõe a isso: mais do que teoria, quer ser um bom equipamento de mergulho.

Estrutura do Livro

Este livro foi organizado em quatro capítulos – Aprender, Liderar, Ensinar e Transformar, não por acaso: essas são as quatro atividades essenciais do Líder.

APRENDER – Eis o ponto de partida. Os primeiros passos no papel de líder dependem da assimilação de todo um arcabouço de conhecimentos. Vou levá-lo a refletir sobre seu estilo de aprendizagem, sem o qual você não pode nem aprender nem ensinar. Também vamos falar sobre como automatizar a absorção de conhecimento e como e em quais circunstâncias podemos até acelerá-la. E um ponto importante aqui é deixar claro que, para aprender, você tem que praticar;

e aí suas chances de errar aumentam! Nessa jornada será fundamental entender o erro como um aprendizado.

LIDERAR – Nesta etapa, discutiremos o exercício diário da liderança. Qual é sua nova rotina como líder? Como manter o foco nas atividades mais importantes? Quanto tempo você gasta com as pessoas? Vamos estudar o comportamento do líder diante da pressão e seu papel como articulador das soluções para os problemas que aparecem. Também falo sobre a importância de se conectar e, muito importante, de ouvir o que o time tem a dizer. Aponto quais são as principais ferramentas de gestão de pessoas – aqui não estou falando de aplicativos, mas de atitudes e rotinas, como avaliar pessoas, dar feedback e ler o ambiente.

ENSINAR – Espera-se que o líder ensine e, dentre todas as novas atribuições que o novo cargo possui, essa talvez seja a que ele menos praticou na vida. A função de ensinar está diretamente ligada ao aprender. Quem não sabe ser aluno, não pode se tornar professor. É nesse capítulo que pensaremos no papel de mestre que o líder desempenha. Começamos pelo ensino por meio do exemplo, a atividade da qual nenhum líder foge, para o bem ou para o mal. Depois falamos sobre como criar conexões com a equipe e como manter o equilíbrio emocional. Discutimos também os principais erros que um líder pode cometer.

TRANSFORMAR – Esse é um capítulo prático sobre o momento de transição de carreira de um colaborador individual para um líder. Trataremos de como desenvolver as novas habilidades e comportamentos que o gestor novato precisará para exercer a função que está assumindo e apresentaremos uma pesquisa para identificar os desafios mais comuns dos novos gerentes. Essa metamorfose também é um momento de muita negociação, política e cuidado com os relacionamentos. Também vamos mergulhar nos conflitos existenciais com os quais novos líderes usualmente se deparam e precisam enfrentar.

Ainda tem mais. Ao longo de todo o texto, inseri alguns conselhos práticos para que você possa treinar e desenvolver a competência de que estivermos tratando naquele tópico. Trata-se da dicaDuka, um recurso que criei e também está presente no final dos textos que escrevo no site *O Mochileiro Corporativo*. Aqui estou exercitando o meu lado de professor. Na educação dos adultos, o único jeito de fixar conhecimento é praticar. Fique atento às dicaDuka!

Para colaborar na realização deste livro, convoquei uma seleção de especialistas em liderança e educação com quem costumo trabalhar. Para contextualizar esse momento do profissional com o mercado, eu convidei Alexandre Santille, CEO da AfferoLab, a maior empresa brasileira em Educação Corporativa e especializada em desenvolvimento de líderes, na qual trabalho há 11 anos como Instrutor. Na parte final de cada parte, participam meus amigos e professores: Kiko Campos, Marisabel Prado Ribeiro, Romeo Deon Busarello e Ricardo Farah, que escreveram sobre suas experiências em aprender, liderar, ensinar e transformar. Pedro Mello, fundador do portal MBA 60 segundos – um especialista na comunicação direta, objetiva e relevante – apresenta a sua opinião sobre a dikaDuka.

O líder é o personagem central na construção de uma sociedade melhor. Em seu duplo papel de aprendiz e mestre, ele ao mesmo tempo absorve, transforma e perpetua o conhecimento. É o próprio motor que leva adiante não só as empresas, mas o mundo. Concluo esta introdução com uma frase de Peter Drucker, o pai da administração moderna, em seu clássico livro *Gestão*: "Com o conhecimento como recurso-chave, a pessoa instruída enfrenta novas exigências, novos desafios, novas responsabilidades. A pessoa instruída agora faz diferença".

Convido você, a partir de agora, a liderar e fazer a diferença.

PAULO VIEIRA DE CAMPOS

CONTEXTO ATUAL

TRANSIÇÃO, IMPACTO E OPORTUNIDADES

Com o ritmo acelerado do mercado, a demanda por profissionais preparados para assumir a gestão em todos os níveis tomou proporções sem precedentes. E, se por um lado a necessidade de gestores prontos no curto prazo é mais intensa, por outro, esses talentos são cada vez mais escassos e a maioria deles ainda não foi lapidada. O momento atual, portanto, é o de TRANSIÇÃO.

Sem as pessoas certas para assumir as vagas mais críticas de gestão, as empresas acabam adotando soluções de curto prazo, como contratações inadequadas e promoções de profissionais despreparados, impactando todo o processo.

Entre os fatores que afetam cada vez mais a cadeia de valor da liderança nas organizações estão: a escassez de pessoas preparadas para assumir de imediato uma função de gestão, a falta de uma estratégia consistente de desenvolvimento da liderança e a ausência de um processo formal para desenvolver futuros líderes.

Para resolver o dilema de contratação versus promoção do mercado, por exemplo, há um movimento de valorização dos colaboradores internos, que acabam sendo promovidos para assumir cargos de gestão cada vez mais cedo. Com isso, surgem NOVAS OPORTUNIDADES e maior mobilidade interna, mas também uma gestão não preparada para assumir a liderança.

Outra situação recorrente nas organizações é a ausência de especialistas, ou, como se diz, da *Carreira em Y*. Normalmente, profissionais com excelentes habilidades técnicas ou específicas não têm à disposição um plano formal para assumir funções mais amplas e diferenciadas na empresa e acabam se candidatando às vagas de liderança.

Nesse sentido, garantir o futuro da gestão dependerá, cada vez mais, de impulsionar um *pipeline* de líderes desde o primeiro nível, para, com isto, atender continuamente às necessidades de negócios e reduzir os riscos de curto prazo.

Estudos apontam que o primeiro cargo gerencial é a experiência que determina as bases do perfil dos profissionais como gestores. A primeira gestão tem uma influência duradoura sobre o desenvolvimento dos executivos, pois é neste momento que construirão habilidades e julgamentos que vão apoiá-los durante sua carreira.

No entanto, ser bem-sucedido como um gestor de primeira viagem requer uma grande mudança para a qual a maioria dos profissionais não está adequadamente preparada. Novos gestores podem até reconhecer essa transição intelectualmente, mas raramente compreendem, de fato, suas responsabilidades ao assumir o novo papel. Muitas vezes continuam a se comportar como colaboradores individuais, competindo com subordinados diretos sobre a forma de executar as tarefas ou colocando-se como "amigos" deles.

Segundo os conceitos do *Pipeline de Liderança* – modelo de desenvolvimento de líderes que ajuda a entender os requisitos que devem ser desenvolvidos em cada nível de liderança –, cada transição representa uma mudança na posição organizacional que exige cada vez mais complexidade em termos de atribuições, com desafios específicos. Esses desafios envolvem a necessidade de novas habilidades, nova forma de administrar o tempo e, ainda, mudanças na forma de pensar, de agir e de encarar valores de trabalho.

Para ajudar as pessoas a realizar esta passagem desafiadora com sucesso, é preciso fazer com que os profissionais se familiarizem com as mudanças dessa transição. Este é o momento mais propício para o aprendizado de futuros líderes; e planejar soluções de desenvolvimento sob medida para gestores de primeira viagem pode ser fator de sucesso no plano de sucessão.

Assim, vivenciar situações monitoradas condizentes ao papel do gestor antes de assumir o novo cargo não apenas ajuda na compreensão das novas responsabilidades, como também facilita a adequação ao contexto organizacional no qual irão operar.

Além disso, para fortalecer o pipeline de líderes, o processo de escolha e desenvolvimento de novos gestores deve também ser capaz de analisar tanto o que é requerido atualmente (desempenho), como o que será preciso no futuro (potencial), em posições de liderança cada vez mais complexas.

Um banco de reservas vazio provoca soluções de curto prazo e contratações inadequadas, gerando custos desnecessários. Fortalecer o banco de reservas da liderança pressupõe um processo contínuo que faça parte de um plano de desenvolvimento consistente. Este plano implica a utilização de ferramentas eficazes, desde a seleção e recrutamento apropriados dos níveis de entrada de colaboradores, até o diagnóstico que identifique onde o pipeline precisa de reforço em termos de habilidades, conhecimento e experiência.

Por isso, quanto mais cedo as empresas oferecerem aos profissionais as ferramentas e experiências de desenvolvimento com base nas necessidades contínuas do negócio, mais fácil será administrar gaps de performance e superar a falta de talentos, fortalecendo o banco de reservas. Dessa forma, as empresas criam uma cultura que as prepara para enfrentar qualquer tipo de transformação no ambiente de trabalho.

Nesse sentido, o futuro da gestão depende de entender como novos líderes lidam com diferentes situações e o que as organizações podem fazer para ajudar esses profissionais no primeiro nível a colocar suas habilidades em ação e a realizar com sucesso essa transição crítica da liderança.

ALEXANDRE SANTILLE
CEO Affero Lab

#FICADICA

É difícil encontrar pessoas que tenham algo a dizer que realmente possa impactar nossas vidas. Livros, palestras, aulas, workshops, revistas, blogs e programas de televisão são meios de comunicação amarrados em um modelo econômico que foca na entrega de uma quantidade de conteúdo em troca de um valor equivalente em dinheiro. Nessa relação, infelizmente, a tendência é pagar por um volume de informação que poderia ser dispensado.

Na era do excesso de informação, está cada vez mais raro encontrar conteúdo que mereça nosso tempo e atenção. Por esse motivo, a curadoria se tornou tão importante. A arte de separar o que vale a pena do resto é fundamental. A #dicaDuka que aparece nos capítulos deste livro é um exemplo de curadoria bem-feita: você lerá algo que realmente vale a pena e que pode ser aplicado imediatamente em sua vida.

Ao longo de anos de trabalho no MBA60, gravando conteúdos sobre gestão em vídeos de 1 minuto (muitos de Paulo Vieira de Campos), aprendemos que conteúdo bom é passado de maneira simples, rápida e prática. Quando precisamos ouvir muita teoria para explicar algo simples, sabemos imediatamente que esse não é um conteúdo para nossos clientes. Para eles, precisamos ter a certeza de que cada minuto será muito bem aproveitado.

Por isso, preste atenção em cada #dicaDuka deste livro: todas elas realmente podem fazer a diferença em sua vida.

PEDRO MELLO
Fundador do MBA60segundos

PARTE 1
APRENDER

CAPÍTULO 1

A IMPORTÂNCIA DE APRENDER

Como alguém que está iniciando uma nova etapa, um profissional que acaba de estrear na função de líder deve, naturalmente, adotar a postura de um aprendiz. Diante dele há uma série de tarefas, compromissos e comportamentos que não eram exigidos antes. E, na verdade, mesmo após a intensa fase inicial, a postura de aprendiz deverá permanecer ao longo de toda a trajetória profissional. Afinal, novas competências são necessárias à medida que crescemos nas organizações. Posições e funções não se mantêm iguais ao longo do tempo. Assim, diferentes conhecimentos, habilidades e atitudes são necessários para se adequar às condições do negócio e estratégias em constante evolução. Atualmente, aprender a aprender rapidamente é cada vez mais um diferencial para o profissional de qualquer campo de atuação. Aprender a lidar eficazmente com mudanças e situações novas é um indicador mais forte de potencial e performance do que apenas a inteligência (para saber resolver os problemas).

Você tem potencial para aprender novas habilidades? O comportamento do passado não garante mais o sucesso no futuro. Em um ambiente cada vez mais **VOLÁTIL, INCERTO, COMPLEXO E AMBÍGUO** (ou VUCA, pelas iniciais desses termos em inglês, um acrônimo de origem militar que expressa também o atual mundo corporativo), os profissionais começam a ser avaliados pela perspectiva do **POTENCIAL PARA APRENDER NOVAS HABILIDADES.** Segundo Cláudio Fernández-Aráoz, conselheiro sênior da Egon Zehnder, a caça aos talentos no século 21 MUDOU SEU FOCO DE COMPETÊNCIAS PARA POTENCIAL, ou seja, o que vale atualmente é a sua capacidade de se adaptar a ambientes de negócios em constantes mudanças e crescer em novas e desafiadoras atribuições.

Aráoz indica as 5 características de um profissional com potencial:

MOTIVAÇÃO: um forte empenho para se destacar na busca de objetivos altruístas.

CURIOSIDADE: uma propensão para buscar novas experiências, conhecimento e feedback sincero e uma abertura para a aprendizagem e a mudança.

PERCEPÇÃO: a capacidade de reunir e dar sentido a informações que indicam novas possibilidades

ENGAJAMENTO: uma habilidade para usar a emoção e a lógica para comunicar uma visão convincente e conectar-se com as pessoas.

DETERMINAÇÃO: os meios necessários para lutar por objetivos difíceis, apesar dos desafios, e para se recuperar das adversidades e/ou superá-las.

Por outro lado, se você é um novo líder, deve ficar atento aos profissionais que, além de uma forte MOTIVAÇÃO para se destacar na busca de metas desafiadoras, tenham humildade de pôr as necessidades do grupo à frente das pessoais; uma CURIOSIDADE insaciável que as impulsione a explorar novas ideias e caminhos; uma PERCEPÇÃO aguçada de lhes permita ver conexões que outras não veem; um forte ENGAJAMENTO com seu trabalho e com as pessoas ao seu redor; e a DETERMINAÇÃO para superar contratempos e obstáculos.

#DICADUKA

As perguntas sempre nos ajudam a refletir e nos conhecer. Veja algumas perguntas que podem ajudá-lo a identificar em quais das qualidades você está hoje mais preparado: *Como você reage quando alguém o desafia? Como você convida outros membros da sua equipe a dar ideias? O que você faz para ampliar seu pensamento, sua experiência ou seu desenvolvimento pessoal? Como você promove aprendizagem na sua organização? Que passos você dá em busca do desconhecido?*

O SEU CONHECIMENTO TEM PRAZO DE VALIDADE...

O que você tem feito para aprender melhor e mais rápido? A necessidade de aprender buscando o compromisso com seu próprio desenvolvimento é o ponto de partida. Nosso conhecimento tem um prazo de validade. Um dos diferenciais de todo profissional é a sua habilidade em aprender cada vez melhor e mais rapidamente.

A essência da AGILIDADE DE APRENDIZAGEM é dar um significado para as experiências – aprender a partir das experiências. Pessoas com agilidade de aprendizagem sobressaem-se nestas quatro áreas:

Agilidade na aprendizagem com as Pessoas

Pessoas que se conhecem bem aprendem com a experiência, tratam os demais de forma construtiva e são serenos e flexíveis sob pressões por mudança. Alguns comportamentos que demonstram que você tem esta agilidade com as pessoas:

- É "cabeça aberta" e tolerante
- Tem autoconhecimento
- Fica confortável com a diversidade e diferença de opiniões
- Pode desempenhar vários papéis simultaneamente
- Entende os outros (empatia)
- Gosta de ajudar os outros a serem bem-sucedidos
- É politicamente ágil
- Lida com conflitos construtivamente

Agilidade na aprendizagem com os Resultados

Pessoas que obtêm resultados sob condições difíceis, inspiram outros a se desempenharem além do normal e demonstram o tipo de comportamento que inspira confiança. Alguns comportamentos que demonstram que você tem esta agilidade com os resultados:

- É capaz de construir times de alta performance
- Obtém sucesso mesmo em situações que apresentem desafios significativos
- Tem muito "drive" para conseguir resultados

- É muito flexível e adaptável
- Tem uma presença pessoal significativa

Agilidade na aprendizagem com as Mudanças

Pessoas que são curiosas têm paixão por ideias, gostam de vivenciar casos para teste e engajam–se em atividades que desenvolvem aptidões. Alguns comportamentos que demonstram que você tem esta agilidade com mudança:

- É experimentador, gosta de tentar coisas novas
- Enfrenta os desafios com frequência
- Aceita e gosta de ter responsabilidade
- Apresenta um olhar novo para ideias velhas

Agilidade mental

Pessoas que pensam sobre os problemas a partir de um ponto de vista novo, sentem-se à vontade diante de complexidade e ambiguidade e têm facilidade para explicar seu pensamento a outros. Alguns comportamentos que demonstram que você tem agilidade mental:

- Gosta de desafios mentais
- Trabalha bem na incerteza
- Percebe um problema como uma baita oportunidade
- Consegue se comunicar e influencia grupos diferentes

#DICADUKA

Descubra quais dessas 4 áreas de aprendizagem (pessoas, resultado, mudança e mental) é a sua melhor forma de aprender. Construa um plano de ação para que regularmente você possa treinar esse seu diferencial.

COMO VOCÊ APRENDE?

Como professor há mais de 23 anos em cursos de pós-graduação e programas *in company*, percebi o quanto a liderança tem na sua essência a função de inspirar e desenvolver seus liderados. Os comportamentos de aprender e ensinar fazem a engrenagem corporativa ganhar força e velocidade. Eles constituem o processo pelo qual é perpetuado o enorme conhecimento de uma empresa. Nas salas de aula das faculdades e empresas onde leciono, identifico uma característica comum a alunos e líderes no que se refere ao processo de ensino e aprendizagem: A FORMA QUE ENSINAM É A FORMA QUE APRENDEM.

Em outras palavras, um profissional repassa à sua equipe o conhecimento da maneira como o aprendeu. Mas essa nem sempre é a forma de aprender dos integrantes da equipe. Cada pessoa tem um estilo diferente de aprendizado. A variedade de estilos muitas vezes provoca um julgamento de que o outro, por ser diferente, é errado. Assim, conflitos, perda de foco e gasto de energia tornam- se presentes no dia a dia das organizações. Para ser um bom líder é preciso reconhecer que os componentes da equipe têm diferentes maneiras de absorver conhecimento. Essa consciência permitirá ao gestor adaptar sua maneira de ensinar para cada liderado. É por isso que, antes de ensinar, o líder precisa reconhecer como ele mesmo aprende.

E como descobrir seu estilo de aprender? Existe um exercício para isso, que eu já testei muitas vezes em sala de aula. Registre em uma folha de papel a resposta a este desafio: "Como você ensinaria um adulto a andar de bicicleta?". Você verá que muito do que escreveu tem a ver com o jeito como você aprendeu a andar, sua experiência vivida naquele momento. Mas existem outras maneiras de aprender a andar de bicicleta. A sua é apenas uma delas. Saber como aprendemos nos permite flexibilizar a nossa forma de ensinar, garantir uma melhor compreensão da nossa mensagem e, principalmente, fazer com que as pessoas usem os seus pontos fortes com mais frequência.

O FEEDBACK COMO PARTE DA SUA AGENDA

O feedback é um nutriente essencial para a vida. Não conseguimos ficar mais do que alguns minutos sem o ar, alguns dias sem água e poucas semanas sem comida. Esses são os três nutrientes fisiológicos mais importantes para os seres humanos. Mas a maioria das pessoas não se dá conta de que o quarto elemento fundamental é o feedback.

Veja que primeiro vem o "receber" feedback e depois o "dar" feedback. Essa ordem não é à toa. Como líder, você é o exemplo. Se as pessoas não têm a coragem de dizer a você como está indo a sua atuação, tampouco escutarão o que você tem a dizer sobre elas – o que na maioria das vezes é uma crítica ou um comentário sobre o que está faltando.

Receber feedback é uma demonstração de humildade, coragem e confiança. A regra básica aqui é que você não precisa concordar em tudo que é dito sobre você. É lógico que quem diz, como diz e quando diz importa, mas com uma boa dose de maturidade é possível refletir: QUAL A INTENÇÃO DESSA PESSOA AO ME DIZER ISSO? Normalmente, essa reflexão consegue atenuar o impacto do que é dito e também indicar qual deve ser a sua atitude após a conversa.

Dar feedback também é um exercício de empatia e um desejo de contribuir para uma melhora ou manutenção de um comportamento específico. Precisamos entender o outro e a maneira como ele reage para aprimorar nossa capacidade de dar feedback.

São CINCO OS PRINCÍPIOS BÁSICOS que você precisa saber sobre o *feedback*:

1. A qualidade de QUALQUER RELAÇÃO depende da qualidade e da quantidade de feedback que cada indivíduo recebe do outro. Se o feedback for pobre, a relação também será pobre.
2. CORDIALIDADE é uma forma de feedback também. Dar bom dia e perguntar como foi o fim de semana é importante.
3. O CONTATO VISUAL é uma forma de inclusão e de transparência. Aqui os líderes precisam não só olhar para os liderados, como também focar no momento da conversa.
4. As PESSOAS SÃO DIFERENTES, graças a Deus! E algumas pessoas precisam de mais feedback do que outras. Descubra a medida adequada dos seus liderados.
5. SONEGAR FEEDBACK a alguém é uma espécie de castigo psicológico, pois ser ignorado é um desconforto emocional.

Essa ponte entre aprender e ensinar também é feita pela prática do feedback. Pedir a opinião dos liderados é um ato de coragem e humildade para o gestor. Infelizmente, a liderança se foca muitas vezes em "apenas corrigir falhas na busca incessante pela excelência" e esquece de usar o feedback para também reconhecer, elogiar e permitir um aumento da consciência do liderado em relação a sua performance ou comportamento. Se você acredita que líder é aquele que dá o exemplo, você precisa pedir feedback para que a equipe se sinta à vontade de pedir também. Você, como profissional, quer melhorar a sua liderança? Peça feedback!

Se você é um novo líder, é premissa que **A PRÁTICA DO FEEDBACK SEJA PARTE DA SUA AGENDA DE DESENVOLVIMENTO PESSOAL** e também uma plataforma para desenvolver seus liderados.

Do ponto de vista do líder, quanto maior a "patente", mais rara é a prática de solicitar feedback. Esse erro acaba comprometendo toda a comunicação e confiança entre líder e liderado. **SE HÁ ALGUÉM NESSE MUNDO QUE CONHECE BEM UM LÍDER SÃO OS SEUS LIDERADOS.** Uma pergunta para você que é líder: *Sobre quem você acha que seus liderados falam quando você sai da sala?* Seus liderados conhecem seus hábitos, manias e principalmente a sua forma de agir quando pressionado. Você como líder precisa dar feedback aos seus liderados. *Lembre-se que o exemplo é a premissa da credibilidade de um líder.*

O feedback tem como objetivo **AUMENTAR A CONSCIÊNCIA SOBRE UM DETERMINADO COMPORTAMENTO.** O maior poder sobre o feedback é para quem recebe, pois não é preciso concordar com tudo e sim fazer uma avaliação da relevância e também da frequência do comportamento.

SE VOCÊ FOR DAR UM FEEDBACK COM O OBJETIVO DE MUDAR UM COMPORTAMENTO, AQUI VAI UM PASSO A PASSO:

Contexto: inicie com uma compreensão do momento do dia do liderado, Olá, bom dia! Tudo bem com você?

- Descreva o comportamento inadequado
- Esclareça o impacto do comportamento

- Dê sugestões de melhoria para o comportamento inadequado (se você não der sugestões, perceba que você está fazendo uma crítica, e não um feedback)
- Estabeleça um prazo para a mudança do comportamento

CASO VOCÊ FOR DAR UM FEEDBACK COM O OBJETIVO DE REFORÇAR UM COMPORTAMENTO, AQUI VAI UM PASSO A PASSO:

Contexto: inicie com uma compreensão do momento do dia do liderado, Olá, bom dia! Tudo bem com você?

- Descreva o comportamento adequado
- Mostre o impacto do comportamento que deve ser repetido
- Esclareça o quanto esse comportamento é significativo para você

A relação do líder e liderado não pode ultrapassar 45 dias sem uma conversa sobre expectativas e resultados (estou falando de uma DR: discussão sobre o relacionamento). Na sua próxima conversa com o seu liderado, peça ao término da reunião um feedback de como foi a DR e também agende a data da próxima conversa; assim seu liderado perceberá que desenvolver pessoas faz parte da sua agenda.

#DICADUKA

Quando você pedir feedback, sente-se de forma a ficar na mesma altura dos olhos da pessoa que vai falar e apenas escute. Não justifique. Se você interromper a fala dela, a pessoa deixará de ser espontânea.

TIRE UM TEMPO PARA IR MAIS DEVAGAR

A correria do dia a dia somada às facilidades tecnológicas faz com que o líder tenha que arranjar um tempo para tudo e com isso acaba faltando um tempo para ele. A aceleração, a fragmentação e, sobretudo, a compressão do tempo fazem com que não seja mais possível administrar a agenda da vida do Líder. O desafio aqui é rever a percepção do tempo e aprender a ir mais devagar para, novamente, sermos capazes de levar a vida com mais vida!

Outro ponto interessante é a forma com que as pessoas se referem ao tempo e, entre parênteses, uma reflexão sobre a sua relação com o tempo. Veja qual das frases abaixo se parece com a sua fala do dia a dia:

O tempo é meu inimigo (talvez você passe o tempo lutando contra o relógio)
O tempo é meu escravo (talvez você queira ser o dono do tempo)
O tempo é neutro (talvez você considere o tempo como um recurso pessoal)
O tempo é o meu árbitro (talvez você considere o tempo como um juiz)
O tempo é o meu mestre (talvez você delegue ao tempo as suas decisões)
O tempo é um mistério (talvez você situe o tempo fora da sua consciência)

#DICADUKA

Para você aprender e tentar desacelerar o seu ritmo e retomar um curso de vida mais saudável e humano, pratique algumas destas atividades ou comportamentos:

- Torne os seus gestos mais lentos
- Fique mais 10 minutos na cama pela manhã
- Saia 15 minutos mais cedo
- Faça apenas uma coisa de cada vez
- Escute o seu tempo interior
- Esqueça seu relógio de pulso
- Desligue a televisão por um dia
- Tome um banho quente demorado
- Dê uma pequena caminhada de 15 minutos
- Não vá fazer compras no supermercado
- Escute os outros
- Conceda uma pausa a si mesmo
- Saboreie o que você está comendo
- Não faça nada por 20 minutos
- Invente um ritual

- Quebre a sua rotina
- Respire profundamente e por várias vezes
- Peça ajuda quando não souber fazer
- Ofereça a si mesmo uma massagem
- Desligue seu celular
- Isole-se por uma tarde
- Plante um jardim e cuide dele

CAPÍTULO 2

APRENDER A APRENDER

Só sei que nada sei, já dizia o filósofo grego Sócrates. Todo processo de aprendizagem parte de um mesmo ponto: a pessoa precisa identificar uma área de incompetência que a impede de chegar ao resultado desejado. Aprender é incorporar novas habilidades que possibilitem alcançar objetivos. A relação entre o não saber e o aprendizado tem mão dupla. Para aprender é preciso identificar uma situação insatisfatória, ou seja, o desconforto da ignorância é também uma oportunidade de aprendizado. Todos temos certo grau de "cegueira" em diversas atividades e conceitos. Quando tomamos consciência do que não sabemos, ocorre uma transformação de cego para ignorante. A partir daí, são QUATRO os passos que podem ajudá-lo a aprender a aprender.

EM PRIMEIRO LUGAR, você deve encarar a responsabilidade de aumentar a sua competência. É o momento em que o ignorante assume o papel de principiante e se coloca como responsável pelo seu desenvolvimento. O aprendizado não é algo que "os outros lhe dão". Você deve ser o protagonista desse processo.

EM SEGUIDA vem a etapa em que você precisa admitir que, como todo principiante, comete erros. O autêntico principiante se permite errar sem se recriminar, pois sabe que a única maneira de aprender é tentar fazer coisas que ampliem sua área de competência. Lembre-se: fique atento em sempre errar diferente!

ENTÃO, busque a ajuda de um mestre, de um *coach* ou do seu líder e dê-lhe permissão e autoridade para ajudá-lo. Um bom desenvolvedor de pessoas respeita a integridade do principiante e está disposto a contribuir para o desenvolvimento de suas competências. Lembre-se: é necessário que o *coach* ajuste-se à forma de aprender do principiante e não o contrário.

POR FIM, dedique tempo, esforço e recursos para a prática, pois o aprendizado não é uma atividade teórica. Em alguns casos, serão necessárias várias horas para garantir uma evolução da competência. Lembre-se: a persistência supera o talento.

No meu dia a dia como professor, percebo que alguns alunos têm o aprendizado como meta. São interessados em pessoas, ideias e processos que enriqueçam seus padrões de aprendizagem. Também têm um bom nível de autoconhecimento e, assim, maior probabilidade de saber seus limites e aprender com os próprios erros, sem arrogância. Você precisa estar com vontade e feliz em querer aprender. Lembre-se: "Felicidade é uma desconfortável tensão entre suas ambições e suas competências".

Confira outros comportamentos que potencializam sua forma de aprender:

1. Seja ávido por aprender sobre si mesmo, sobre outros e sobre ideias;
2. Mostre vontade genuína de aprender a partir de feedback e experiências e mude seus comportamentos e pontos de vista em consequência disso;
3. Seja interessado em ajudar as pessoas a aprenderem e experimentarem;
4. Seja flexível e reflexivo em relação ao que acontece com as pessoas que promovem mudança.

#DICADUKA

Os verdadeiros mestres, ao contrário dos experts, mantêm sempre o espírito de principiante, abertos e atentos a novas possibilidades criativas e inovadoras. Os melhores mestres e principiantes compartilham sempre da humildade!

PRATIQUE SEMPRE

A prática é o melhor de todos os instrutores. Se o aprendizado não for usado de maneira a melhorar a forma como as coisas são feitas, ele não tem utilidade, pois por si só é insuficiente para produzir uma mudança efetiva. Morgan McCall, Robert W. Eichinger e Michael Lombardo, professores que trabalham no *Center for Creative Leadership* na Carolina do Norte, nos Estados Unidos, sinalizam que a aprendizagem leva tempo e paciência e que podemos aumentar a sua eficiência quando há combinação de elementos formais e informais.

Na aprendizagem, o conceito de 70/20/10 indica que:

70%	**20%**	**10%**
Aprendemos da vida real e no local de trabalho, por meio de experiências, tarefas e resolução de problemas. Este é o aspecto mais importante de qualquer plano de aprendizagem e desenvolvimento.	Aprendemos quando recebemos feedback e ao observar e trabalhar com pessoas que já sabem e fazem muito bem a atividade.	Fixamos com aulas. Podemos dizer que o aprendizado começa quando o curso ou treinamento termina.

Aprender é como descer uma colina coberta de neve. Imagine que você está no alto da colina. O dia está claro, o sol brilha e você testará sua habilidade em andar de trenó na neve. Você já fez todas as aulas preparatórias e tem confiança que vai se sair bem. Mas, até o presente momento, você nunca desceu uma colina coberta de neve. Será a primeira vez.

Começou!

O início da descida é lento. No momento que começa a ganhar velocidade dentro do trenó, você percebe que está preparado para o desafio. A sensação de descer a colina é maravilhosa e o sentimento é de conquista. Seu traçado na neve foi firme e objetivo. Parabéns: você aprendeu a pilotar um trenó!

Essa história ajuda a vislumbrar a importância da experiência prática!

Quanto mais você desempenha determinada ação, mais automática ela se torna e é mais difícil mudá-la. Isso é essencial para a nossa sobrevivência, pois é diminuindo o tempo de resposta a cada escolha que ganhamos produtividade e eficiência. Esse processo tem um lado negativo também: hábitos estabelecidos há muito tempo requerem muito e intenso esforço para serem alterados.

Apenas o aprendizado, por si só, é insuficiente para produzir uma mudança efetiva. Após um curso ou treinamento, é preciso garantir a transferência do aprendizado, ou seja, um ambiente onde seja permitido errar, experimentar novas aplicações dos conceitos aprendidos e, principalmente, que o aprendiz receba feedback e reconhecimento pelo seu comportamento. Você como líder terá de pensar qual é sua contribuição para que o aprendizado se perpetue na empresa.

São três os principais fatores que afetam positivamente a transferência do aprendizado:

1. Capacidade de usar (habilidade pessoal, validade do conteúdo);
2. Motivação para usar (acreditar que o uso melhorará o desempenho);
3. Ambiente de trabalho (gestor, colegas e sistemas de recompensas).

#DICADUKA

Quando você voltar ao trabalho, vindo de um treinamento, converse com o seu líder. Conte para ele o que aprendeu, como pode aplicar o que aprendeu, quais os novos comportamentos que apresentará e, principalmente, os resultados que espera alcançar. Na nossa analogia do trenó, quando você voltar do curso de condução de trenó, converse com o seu líder sobre a sensação da descoberta ao descer pela primeira vez a colina e avise que você tentará descer de locais diferentes, experimentando novas trilhas. É importante que ele o apoie nessa decisão. Trabalhar com o inesperado em cada descida fará de você um ótimo piloto de trenó!

APRENDIZADO EFICAZ

A aprendizagem está no interesse e o interesse está em quem quer aprender. Quando começamos a aprender algo, percorremos um caminho que parte da incompetência rumo à competência. Muitas vezes, não temos a mínima ideia sobre "como fazer" e, conforme nosso desenvolvimento progride, passamos pela fase da "plena consciência no fazer". Já quando atingimos a excelência na atividade, alcançamos o nível de "fazer sem pensar". Podemos, então, dividir o processo de aprendizagem em quatro fases:

FASE 1 – Incompetência Inconsciente – Eu não sei que não sei. Nesta fase, ser incompetente é algo que não nos incomoda, pois a atividade não é significativa e nem necessária.

FASE 2 – Incompetência Consciente – Agora eu sei que não sei. Ter a plena noção que não sabemos algo é o primeiro passo. Não é um caminho fácil e algumas pessoas desistem logo que percebem a complexidade da tarefa ou do conceito. Nesta fase, é preciso ter a coragem de enfrentar a dúvida, de aproveitar o erro como lição e, principalmente, transformar esse desejo de aprender em vontade de fazer. Um professor ou alguém com experiência no assunto pode ser de grande valia para a troca de experiências e motivação.

FASE 3 – Competência Consciente – Finalmente eu sei que sei. Nesta fase, existe uma sensação de que alcançamos um domínio na atividade que garante uma execução eficiente. Aqui, é fundamental manter o foco no ensaiar, no treinar ou na repetição. Quanto mais treino, mais sorte eu adquiro. Um fator determinante na evolução do aprendizado nesta fase é a sensação de prazer na execução da tarefa, pois, assim, a busca da excelência é um caminho possível de ser atingido. O que não deu certo pode ser só uma etapa de aprendizagem para o que ainda está por vir.

FASE 4 – Competência Inconsciente – Não sei o quanto eu sei. Alguns estudiosos chamam essa fase de fluxo. É quando temos um desempenho estável e quase perfeito em uma determinada atividade. Nossa concentração, excelência e virtuosismo estão de mãos dadas, e temos a sensação de não perceber o tempo passar e nem nos sentimos cansados devido à tarefa. O próximo passo é começar a aprender algo novo. E voltamos à fase 1...

#DICADUKA

Quando for aprender algo novo, tenha a noção do esforço e da dedicação necessárias para passar pela fase 2 e chegar à fase 3. Comemore seus erros, registre seus acertos e, principalmente, mantenha a disciplina. O processo de ensino-aprendizagem deve ser algo prazeroso e que nos desperte a vontade de continuar. Viver é um processo de aprendizagem eterno.

PERGUNTAR PARA APRENDER

As perguntas nos fazem pensar e aprender. A qualidade do nosso aprendizado para qualquer assunto ou conceito depende da quantidade e do fluxo das perguntas que fazemos. O questionamento aperfeiçoa o conhecimento, provoca outro olhar e abre novas perspectivas. Ao fazer uma pergunta, você também está demonstrando interesse pelo assunto. Quando ouvimos alguém responder nossos questionamentos, apreciamos seu esforço e sua atenção. Na história da humanidade, fazer a pergunta certa foi sempre considerado a marca de um homem sábio.

O que torna uma pergunta boa? De bate pronto, vem aquela cena de sala de aula quando o aluno Joãozinho faz uma indagação e o professor, depois de três segundos pensando, responde: "Boa pergunta, Joãozinho" O professor começa um processo frenético de buscar nos seus arquivos mentais, na pasta específica, o documento que tem a resposta. A reflexão para pensar antes de responder uma pergunta é um indicador de que você formulou uma boa questão. A reflexão envolve recordar, pensar, imaginar, dar sentido, significado ao assunto e, principalmente, tentar se fazer entender.

Pergunta e reflexão dão tempo para as mentes dos envolvidos funcionar. Esses segundos para refletir após uma indagação permitem que o diálogo aconteça de forma mais produtiva e interessante. O psicanalista Rubem Alves, no seu clássico texto *Escutatória*, ressalvou o quanto damos pouco valor ao escutar e muito ao falar: "Sempre vejo anunciados cursos de oratória. Nunca vi anunciado curso de escutatória. Todo mundo quer aprender a falar. Ninguém quer aprender a ouvir". Como líder, é necessário que você aprenda a ouvir para que possa ser ouvido. Uma habilidade importante para ser um bom líder é saber fazer perguntas pertinentes e também permitir que os outros as façam. Ambientes onde "fazer perguntas" não é algo bem-visto (ou a quantidade de questionamentos feitos semanalmente nas reuniões é pequena) sinalizam um lugar de trabalho autoritário. A liberdade de poder não concordar com tudo é fundamental para provocar as centelhas das grandes e boas ideias.

Quando a intenção da pergunta é promover o aprendizado, estimular a reflexão ou permitir a dúvida, as pessoas sentem-se motivadas a contribuir e começam a perguntar: E se? Esse é o início do processo que gera a tão almejada interação das pessoas. Outra estratégia para fazer boas perguntas é evitar o começo da frase com a palavra '*como*' e iniciá-la com '*De que maneiras*' No segundo caso, você já indica que existem diferentes caminhos a serem seguidos e passa a não se preocupar com a primeira resposta ou com a resposta certa. Esse impulso natural de fazer afirmações e julgamentos deve ceder lugar ao ato de ouvir, perguntar e refletir. No processo criativo, começamos pela geração de uma boa quantidade de ideias para depois trabalhar em sua escolha e qualidade. Fazer perguntas é fundamental na prática da criatividade e, a partir daí, se chega à inovação.

#DICADUKA

No lugar de perguntar ao seu colega de trabalho: "O que você está aprendendo no curso de negociação?", pergunte a ele: "Quais foram as perguntas que você fez no curso?". Ou, em outro cenário: em vez de repetir a mesma (e automática) pergunta para o seu filho "Como foi o dia na escola?", surpreenda-o e pergunte: "Qual pergunta você fez hoje para a professora?". Fique atento à resposta e divirta-se! E depois me conte o resultado. Já fiz isso com o meu filho Henrique, quando tinha sete anos, e garanto que foi um momento muito estimulante e de cumplicidade para nós dois.

APRENDA A USAR PERGUNTAS ABERTAS E FECHADAS

A qualidade das perguntas determina a qualidade das respostas. Saber fazer boas perguntas na hora certa é uma habilidade crucial em todas as profissões. As perguntas são as respostas para solucionar problemas, tomar boas decisões, expandir a criatividade e, principalmente, aprender.

Uma atividade que costumo fazer nas minhas aulas é formar grupos com 5 a 6 pessoas e cada participante apresenta o seu atual desafio como líder. Em seguida, os outros componentes do grupo escrevem em um "post it" uma pergunta que possa ajudar o "dono do problema" a pensar em alternativas ou aprofundar o pensamento para a solução do problema. Após todos escreverem a pergunta no papel, cada um lê a sua pergunta ao "dono do problema" em voz alta e ao término da pergunta o dono do problema só pode dizer "obrigado".

O fato de dizer apenas "obrigado" faz com que os julgamentos fiquem mais brandos e as ideias surjam com mais quantidade. O interessante é que, após todos participarem da atividade, peço que cada um classifique as perguntas que recebeu em abertas ou fechadas e depois escolham qual foi a melhor pergunta que recebeu.

O que fica nítido é que a maioria dos alunos realiza perguntas fechadas e, quase sempre, com a resposta já inserida na pergunta. Por exemplo: "Você já pensou em falar com eles para pedir mais feedback?" ou "Se você apresentasse uma planilha com os resultados para eles, não seria melhor?" Veja que a pessoa que recebe a pergunta só tem que responder sim ou não...

PERGUNTAS FECHADAS geram respostas Sim ou Não; e conseguem apenas obter confirmação ou negação de algo que já está na mente de quem fez a pergunta.

Já as **PERGUNTAS ABERTAS** obtêm novas informações que ainda não estão na cabeça de quem perguntou e permitem que a pessoa que vai responder possa refletir e "parar para pensar". Se você quer fazer uma pergunta aberta, inicie a frase com: O que, Onde, Por que, Quando, Quanto, Como ou De que maneiras.

Lembre-se: você deve alterar o uso das perguntas abertas (exploração do problema) e fechadas (execução da solução) com base no contexto presente.

#DICADUKA

As perguntas são poderosas e suas características são: elas conduzem à meta, não a problemas; elas levam ao futuro, não ao passado; elas levam à ação; elas contêm pressuposições capacitadoras. Agora, me responda: De que maneiras você pode aplicar esse conceito?

CAPÍTULO 3

COMO POSSO APRENDER MAIS RÁPIDO?

Com a quantidade diária de novas informações e a crescente pressão por resultados, é necessário que os profissionais saibam aprender cada vez mais depressa. Em algumas situações como mudança de emprego, promoção ou projetos urgentes, aprender rápido é a diferença entre o sucesso e o fracasso. Existem alguns comportamentos que facilitam essa aprendizagem mais ágil: iniciativa, curiosidade (por que e como?), complexidade conceitual e pensamento sistêmico.

Agilidade pode ser definida como a capacidade de executar movimentos rápidos e ligeiros com mudanças nas direções. Será que você possui essa agilidade em aprender? Avalie se você tem estas quatro características desenvolvidas:

1. Autoconhecimento: Você consegue manter-se calmo e resiliente quando está sob a pressão das mudanças?
2. Curiosidade: Você gosta de experimentar coisas novas e lida bem com o desconforto causado pelo desconhecido?
3. Raciocínio Crítico: Você é capaz de examinar problemas cuidadosamente e consegue estabelecer conexões não usuais?
4. Desempenho: Você entrega "resultados positivos" em situações que vivencia pela primeira vez?

#DICADUKA

Antes de começar uma nova atividade, anote em um papel o que você sabe sobre ela. Durante a atividade, perceba com que rapidez você a domina, com que velocidade você aprende e acrescenta por conta própria "truques" que ainda não lhe ensinaram. Ao término da atividade, escreva suas descobertas e compare com as suas primeiras anotações. O que você não sabia que não sabia?

AS BARREIRAS DA APRENDIZAGEM

Durante nosso desenvolvimento, descobrimos uma forma própria e única de aprender. Cada um de nós sabe um roteiro, um caminho ou um truque que, no momento de fixar um conhecimento, sempre é repetido por ser o preferido. Existem também os inimigos do aprendizado. São fatores ligados às nossas emoções que podem tornar o processo lento ou até mesmo inviável. Quem se assusta com eles e se retira jamais alcançará o conhecimento. Podemos identificar alguns inimigos do aprendizado como: cegueira, medo, vergonha, vitimização e orgulho.

1. A cegueira: é impossível iniciar o caminho do conhecimento sem ter consciência do não saber. O cego não sabe que não sabe e, portanto, está preso na ilusão de que não tem nada para aprender.
2. O medo: a autoestima do sabe-tudo é muito frágil. Revelar sua ignorância e incompetência poderá destruir sua imagem. Por isso, prefere sofrer (e causar sofrimento) a admitir sua necessidade de aprender.
3. A vergonha: o medo do ridículo sempre assombra o aprendiz. Ao tentar novos comportamentos, suas ações vão incomodar, parecer inoportunas e até cômicas. Se não é capaz de suportar a demonstração constante de sua incompetência, ele abandonará humilhado o caminho do aprendizado.
4. A vitimização: é muito mais fácil atribuir as dificuldades a fatores externos. Quando coloca "lá fora" a causa dos problemas, a pessoa se sente livre da responsabilidade de aprender.

5. O orgulho: pedir ajuda implica em reconhecer uma necessidade. Dar a permissão para receber instrução implica ceder autonomia. As pessoas que baseiam seu orgulho pessoal na ilusão de onipotência e independência caem na armadilha desse "inimigo".

Faça uma reflexão sobre as suas últimas experiências e dificuldades em aprender. Quais destes inimigos foram os mais presentes?

#DICADUKA

A paciência é um dos melhores antídotos contra os inimigos do aprendizado. Como dizia o poeta Carlos Drummond de Andrade, "entre a raiz e o fruto, há o tempo". Portanto, curta o aprender. Permita-se explorar o desconhecido sem a pressa do resultado. Faça um curso curto de jardinagem, pintura, argila, tocar bateria, dançar... Fique atento à maneira como você reage a cada conquista.

AS EXPERIÊNCIAS POTENCIALIZAM O APRENDIZADO

Quem ensina, aprende ao ensinar; quem aprende, ensina ao aprender. Um dos maiores desafios de todo profissional que passa a liderar um grupo é a sua capacidade de continuar aprendendo, e sua habilidade e flexibilidade de ensinar as pessoas. A habilidade é o ponto de partida. O adulto é a soma de suas experiências. Por isso, quando pensamos na aprendizagem de adultos, devemos sempre partir da sua experiência prévia sobre o assunto ou conceito. Se você começa a ensinar alguém sem conhecer o que o indivíduo já sabe, pode correr o risco de ser banal e superficial ou extremamente complexo e conceitual. A aprendizagem precisa ser relevante, estimulante, colaborativa, contínua e com foco em resultados.

Já a flexibilidade é a forma como você se ajusta ao seu liderado. Uma tentação para o líder é ensinar as pessoas apenas do jeito que ele (o líder) gosta de aprender, sem considerar as preferências e estilos das pessoas que lidera. Trate o outro como ele gostaria de ser tratado. O exemplo é fundamental.

Muitas vezes, o líder diz que é importante aprender, mas há tempos que ele não busca oportunidade de desenvolvimento formal ou informal e, principalmente, não transforma esse novo conhecimento em ação. Na sua empresa, os colaboradores estão em contínuo aprendizado? E os líderes estão sempre ensinando? Por fim, é necessário que o líder promova um ambiente colaborativo, divertido e onde o erro seja visto como uma forma de aprendizado. Mas atenção: é importante que as pessoas entendam que podem errar, mas sempre erros diferentes!

#DICADUKA

Promova regularmente um momento para a troca de ideias e experiências com as pessoas da sua empresa ou equipe. Há algumas boas iniciativas como o "café com o presidente", ou "mastigando ideias com a produção" na hora do almoço, ou um happy hour com "as histórias da minha vida". No aprendizado, a regularidade é mais importante que a intensidade.

SUCESSO ANTES E FELICIDADE DEPOIS = FÓRMULA ERRADA!

Ser feliz não é acreditar que não precisamos mudar, é perceber que podemos. Quantas vezes nós colocamos o sucesso antes e a felicidade depois? Uma crença comum que costuma ser dita pelas pessoas é que, se você se empenhar, terá sucesso e só depois de ter sucesso é que poderá ser feliz. Você não precisa ter sucesso para ser feliz, mas precisa ser feliz para ter sucesso.

Hoje em dia, por meio da *psicologia positiva,* podemos entender que a felicidade e o otimismo na verdade promovem o desempenho e a realização. É o que Shawn Achor – professor de Harvard e autor do livro "O jeito Harvard de ser feliz" – chama de BENEFÍCIO DA FELICIDADE.

Temos mais felicidade quando somos mais positivos, ou seja, a felicidade é o centro e o sucesso gira em torno dela. A felicidade pode melhorar nossa saúde física, o que, por sua vez, nos mantém trabalhando com mais rapidez e por mais tempo e, por consequência, aumenta a nossa chance de sucesso.

Mas como ser feliz? Todo mundo tem uma ou duas atividades rápidas que o faça sorrir e, por mais triviais que possam parecer, seus benefícios são inquestionáveis. Felicidade é mais do que apenas um estado de espírito, ela requer prática e empenho.

O autor Shawn Achor apresenta sete propulsores de felicidade dentre os quais pode escolher aquele que melhor encaixe "pessoa atividade", que muitas vezes é tão importante quanto a atividade em si. O objetivo aqui é simplesmente elevar seu estado de espírito e colocá-lo em condição mais positiva para você usufruir de tudo que o benefício da felicidade tem a oferecer:

1. **Medite** – tente observar a sua respiração
2. **Encontre algo pelo qual você pode aguardar com expectativa** – use o conceito da temporalidade.
3. **Adote gestos conscientes de bondade** – faça cinco atos de gentileza por semana.
4. **Injete positividade no seu ambiente** – reserve um dia para passear com seus filhos, por exemplo.
5. **Exercite-se** – aumente a quantidade de endorfinas no seu sangue.
6. **Gaste o seu dinheiro** – com experiências, não com coisas.
7. **Pratique seus pontos fortes** – além de melhorar a sua produtividade, melhora também a sua autoestima.

Lembre-se: a construção mental das nossas atividades diárias, tanto quanto a atividade em si, é que define a nossa realidade.

#DICADUKA

No final do seu dia de trabalho ou quando já estiver em casa, faça uma lista de três coisas que aconteceram. Esse poderoso exercício treina seu cérebro a perceber e se focar melhor nas possibilidades de crescimento pessoal e profissional e a identificar e aproveitar oportunidades de concretizar essas possibilidades.

MENOS, PORÉM MELHOR.

Aprenda a investir nas atividades certas! No livro *Essencialismo*, (Editora Sextante), o autor Greg McKeown destaca o desafio de saber usar melhor o seu tempo e focar naquilo que faz mais sentido e gera melhores resultados. E, como prioridade é uma palavra que não tem plural, identificar qual é a sua prioridade, considerando o momento e o objetivo, é fundamental.

Segundo o autor, o caminho para o essencialista segue um propósito, não um fluxo. Devemos ter uma abordagem disciplinada e sistemática para determinar onde está o ponto máximo de contribuição de modo a tornar a sua execução algo que quase não demanda esforço. É preciso ter o controle sobre as próprias escolhas e gerar um novo nível de sucesso e significado.

A busca indisciplinada por mais é uma das razões do fracasso! A chave é a busca disciplinada pelo melhor.

Somos lançados ao paradoxo do sucesso:

Tudo começa quando temos clareza do propósito e conseguimos ter sucesso nas iniciativas. Com isso, geramos uma fama de bons entregadores de tarefa.

Aí, começamos a ser chamados para diferentes demandas que aumentam as opções e oportunidades. E, quanto mais dizemos "sim", mais nosso tempo passa a ser controlado e determinado pelos outros! Acabamos nos afastando do que deveria ser nosso nível máximo de contribuição.

Metade dos problemas da vida decorre de dizer *sim* depressa demais e não dizer *não* cedo o bastante.

Há três pressupostos profundamente entranhados que devemos vencer para viver como um essencialista: tenho que fazer, é importantíssimo e consigo fazer os dois. Adotar o principal fundamento do essencialismo exige substituir esses três falsos pressupostos por três premissas básicas: escolho fazer, só poucas coisas realmente importam e posso fazer de tudo, mas não tudo. Essas verdades nos despertam da paralisia não essencial. Elas nos libertam para buscar o que realmente faz sentido e nos permitem viver no nível máximo de contribuição.

São três os passos simples para atuar como um essencialista:

1º PASSO: EXPLORAR – discernir as muitas trivialidades do pouco que é vital. Aqui cabem 3 boas perguntas: O que me inspira profundamente? Qual é o meu talento especial? O que atende a uma necessidade importante do mundo? Saber fazer a coisa certa, do jeito certo e na hora certa.

2º PASSO: ELIMINAR – muitos dizem sim porque estão ansiosos para agradar e contribuir. Já dizia Peter Drucker, o pai da administração moderna: *As pessoas são competentes porque dizem "não", porque dizem "isso não é para mim". A questão não é como fazer tudo, mas como escolher o que faremos ou não. "Não" é uma frase completa! E é preciso ter coragem de dizer.*

3º PASSO: EXECUTAR – remover obstáculos para que a realização quase não exija esforço. Em vez de forçar a execução, o essencialista investe tempo que poupou para criar um sistema que remova obstáculos e torne a execução o mais fácil possível. Aprenda a prevenir (tenha uma margem de segurança), a subtrair (descubra quais são os gargalos da execução), a avançar (o poder das pequenas vitórias) e, por último, a fluir. (Eis a genialidade da rotina!).

#DICADUKA

A vida só está disponível no momento presente. Quem abandona o presente não pode viver profundamente os momentos da vida cotidiana. Vale a frase de Sócrates: "Tome cuidado com a aridez de uma vida ocupada".

CONTE A SUA HISTÓRIA SOBRE O APRENDER...

Por José Francisco Vieira de Campos (Kiko Campos)
Business Development na Waggl em San Francisco, Califórnia / EUA

"Aprender todo dia uma coisa nova

Desde muito cedo tenho uma relação virtuosa com o processo de aprendizado, por ter em casa uma família com um estilo de vida marcado por muitas mudanças de endereço, de cidade, de escola e de amigos.

Estas experiências, somadas aos princípios e valores que norteavam nossa vida, fortaleceram um foco na aprendizagem acelerada e também no essencial, pois era necessário compreender rapidamente o novo ambiente e atuar nele para sobreviver. A diversidade dos ambientes deixava claro que o certo ou correto depende de uma série de elementos culturais que podem estar longe da nossa razão no primeiro momento. Portanto, ponderar o julgamento facilitou o meu aprender com a "lente" dos outros, com os valores diferentes dos meus e que fazem sentido em outros contextos.

Outro forte integrante desta jornada do meu aprendizado foi a convivência com mentores, amigos e familiares que investiram seu precioso tempo em me orientar e corrigir meus comportamentos com muito amor, respeito e troca. Não foram pessoas que formalmente contratei para me ensinar, mas sim "mestres" que doaram parte do seu conhecimento acreditando que com isso multiplicariam seu legado e com certeza facilitariam o meu desenvolvimento.

Aprender todo dia, por toda vida com o entusiasmo da primeira vez. É assim que faço desde criança e esta fórmula não é mágica, é parte do que me faz feliz.

Fui alfabetizado pelos meus pais muito cedo e aos seis anos de idade fugi da escola, pois, para mim, não fazia sentido ficar apenas brincando: eu queria ler, escrever e fazer contas. Devido a este cenário de rebeldia infantil, meus pais entraram com um recurso na secretaria da educação, solicitando uma avaliação que me permitiria pular a primeira série do primário e ingressar direto no segundo ano.

E não é que fui aprovado?! Ou seja, em boa parte da minha vida escolar fui o mais novo da sala – outra grande vantagem na aprendizagem, pois eu estava novamente cercado de pessoas com mais experiência que eu.

Quando comecei no mundo profissional também foi diferente: eu tinha 14 anos e, a pedido da minha mãe, meu irmão, Paulo Vieira de Campos (o autor do livro), me levou para ajudá-lo no seu trabalho de eventos em hotéis. Mas eu precisava passar por um jovem adulto de 18 anos. Tamanho eu já tinha, mas tive que aprender rápido a me comportar como tal, mesmo diante das tentações por ser um jovem adolescente.

Nos últimos 15 anos, eu tenho liderado times com mais de 4.000 pessoas, com diferentes nacionalidades, desafios de mudanças culturais, econômicos e atuando com 4 gerações no mesmo time, assim, sempre dediquei um bom tempo na preparação do meu aprendizado, para que conseguisse, no menor tempo possível, as vitórias e os resultados que garantissem a credibilidade necessária para fazer coisas incríveis! E ainda: muitas vezes, essas conquistas foram por meio das pessoas que integravam o time que liderei. Portanto, aprender não é opcional. É na prática que se faz com que sua atividade como líder seja eficiente e eficaz.

Com base nestas experiências, criei um canvas inspirado no livro "Os primeiros 90 dias", de Michael Watkins – Editora Bookman, para promover uma profunda reflexão sobre como planejar o aprendizado frente aos seus próximos desafios de carreira. Acredito que só a aplicação do conhecimento gera valor e que precisamos de um MÉTODO, palavra que vem do grego *methodos*, composta de *meta*: através de, por meio, e de *hodos*: via, caminho. Servir-se de um método é, antes de tudo, tentar ordenar o trajeto pelo qual se possa alcançar os objetivos projetados.

Como diria o autor do livro: Vamos praticar esta *#dicaduka?*"

AGORA É COM VOCÊ!

Aprendi este exercício com a equipe do Jorge Matos da Etalent e gosto muito de usar em minhas aulas. Quando uma pessoa conhece suas características e comportamentos, ela consegue buscar uma atividade alinhada ao objeto de que gosta. São as duas portas para o êxito profissional: AUTOCONHECIMENTO e AUTODESENVOLVIMENTO. Leia as 10 perguntas e pense nas respostas:

1. **Como o mundo funciona e como viver melhor nele?** A ideia é investigar as principais transformações pelas quais o mundo tem atravessado e qual o impacto que isso tem na sua vida, sobretudo, profissional. O intuito é perceber como você responde às mudanças globais.
2. **O que eu tenho de melhor?** Nem todo mundo tem facilidade para responder a esta pergunta, que diz respeito ao talento. Pedir ajuda de pessoas próximas pode trazer luz à questão.
3. **O que me faz feliz?** Existe uma atividade que você estaria disposto a pagar para executar? Essa é uma dica para desvendar que tipo de trabalho o deixaria mais satisfeito.
4. **Estou maximizando meus talentos e trabalhando meus pontos fracos?** A atividade que você executa hoje em dia vai ao encontro do seu talento, fortalecendo-o? Em relação aos pontos fracos, você sabe quais são e tem trabalhado para desenvolvê-los?
5. **Qual a minha essência e onde me sinto melhor?** Esta pergunta diz respeito aos seus valores pessoais, missão, propósitos de vida e também ao tipo de ambiente em que você se encaixa.
6. **Estou no caminho certo?** Investigar o momento presente é essencial. A trilha percorrida até agora "combina" com as respostas que você tem até agora? A pessoa deve se perguntar se está exercendo uma atividade que a nutre ou que suga suas energias.
7. **Tenho clareza das lacunas em relação ao meu trabalho?** Que aprendizado lhe falta? A resposta a esta pergunta é fundamental na hora de traçar suas metas de carreira.
8. **Aonde quero chegar?** Pensar em objetivos de carreira é formular metas. O planejamento deve compreender três dimensões do tempo: curto, médio e longo prazo.

9. **Possuo um plano de desenvolvimento estruturado?** O que você planeja para si, em termos de desenvolvimento profissional? Este plano pode ser o "passaporte" para chegar ao lugar estabelecido a partir da resposta à 8ª pergunta. São três os eixos que resultam no desempenho profissional: conhecimento, habilidade e comportamento. Por isso, leve em conta estas três esferas ao planejar seu desenvolvimento.
10. **Qual a minha visão de futuro?** Ao pensar no seu futuro profissional, você se enxerga como um otimista ou pessimista? O seu comportamento é de quem se coloca como vítima ou protagonista da sua vida profissional? Podemos afirmar que está aí a grande variável do sucesso: o comportamento.

PARTE 2
LIDERAR

CAPÍTULO 4

A TRANSIÇÃO

O ano de 1970 foi especial. Finalmente trouxemos a taça de melhor seleção de futebol do mundo para casa. Foram quatro gols no Estádio Azteca, na cidade do México – o primeiro, aos 18 minutos, saiu dos pés de Pelé. Mas não foi só isso. Com aquele título, alcançamos pela terceira vez o título mundial, algo inédito na história das Copas – até ali, nenhuma outra seleção havia sido campeã mais de duas vezes. O nome por trás da campanha histórica era Mário Zagallo. O treinador, que havia jogado as Copas de 58 e de 62, foi o primeiro futebolista a ter no currículo os títulos de campeão mundial como jogador e técnico. Detalhe: em 70, ele comandava a equipe pela primeira vez. Quatro anos antes, Zagallo tinha dito adeus aos campos como jogador. O seu primeiro trabalho na nova fase foi como comandante do time juvenil do Botafogo. Quatro anos depois, Zagallo ganhou um novo desafio: trazer a taça, que o país não havia conquistado em 66, para casa.

Zagallo foi, de uma copa para outra, de jogador a treinador. Esse é o maior desafio que um líder de primeira viagem pode ter: deixar de ser quem faz gol para ajudar os outros a colocarem a bola na rede. Uma transição complicada e que exige empenho – muito empenho. Não só pelas novas cobranças ou metas ambiciosas que aparecem, mas principalmente porque, a partir daquele momento, o profissional terá que lidar com pessoas. Zagallo, por exemplo, precisou comandar Pelé, a grande estrela daquele time de 70. Os dois haviam sido colegas de campo nas duas copas anteriores. Pelé acabou sendo um aliado. Foi ele quem fez o primeiro gol da vitória. Talvez a grande sabedoria do treinador tenha sido não apagar o talento de

Pelé. Zagallo deixou o jogador brilhar e Pelé não deixou de seguir a estratégia do treinador. O resultado foi que um ajudou o outro e todos ganharam.

O COMEÇO

Na vida corporativa, essa história se repete todos os dias. Ela acontece, mais ou menos, assim: um dos funcionários da área que tem o melhor desempenho ou resultado recebe a notícia de que a partir da 'segunda-feira' será o novo chefe da equipe. A mistura de conquista e realização toma conta do profissional no final de semana, afinal de contas, ele trabalhou muito tempo para chegar nesse momento da carreira. A promoção é quase como um prêmio. Mas, já na primeira semana, aquele sentimento de felicidade e prazer começa, aos poucos, a ser substituído por angústia e insatisfação. O sonho começa a desmoronar aos poucos.

A euforia pelo novo cargo dá lugar a uma série de rotinas burocráticas e uma sequência de reclamações dos superiores e da equipe. Já ouvi diversas vezes de líderes recém-promovidos frases como "era feliz e não sabia", "imaginava que poderia controlar melhor o meu tempo", "estou me sentindo muito solitário". A verdade é que os 20% de aumento no salário geralmente vem acompanhando de um ônus: o sofrimento. O motivo é simples: nem sempre quem é promovido estava preparado. Além disso, os pares, que de um dia para o outro viram equipe, às vezes demoram a aceitar a nova liderança. A polêmica está criada.

Tornar-se gestor exige uma transformação completa da identidade profissional. A começar pelo desapego às **ROTINAS**, **TAREFAS** e **RESPONSABILIDADES** de antes. O jogador que vira treinador precisa aprender a dedicar boa parte de seu tempo a ensinar os outros jogadores a fazerem gol. Em seu clássico livro "Pipeline de Liderança", o guru indiano Ram Charan cita que é preciso, a cada nova posição de liderança, fazer três mudanças: as **HABILIDADES**, a **ADMINISTRAÇÃO DO TEMPO** e os **VALORES DE TRABALHO**. Cada um desses pontos é essencial para a transição ser bem-sucedida. Entenda o porquê:

HABILIDADES: a partir do momento em que você muda de posição, será necessário aprender novas capacidades. Sem isso, fica difícil realizar as novas tarefas. Por isso, é preciso estar atento às novas responsabilidades.

ADMINISTRAÇÃO DO TEMPO: ao se tornar líder, o profissional precisa mudar as prioridades. É primordial reorganizar o tempo, afinal, além de novas responsabilidades, agora será preciso ter tempo para conversar com a equipe.

VALORES DE TRABALHO: se o profissional não fizer uma reflexão da mudança pela qual acabou de passar, ele não conseguirá colocar o foco e a energia necessários no que é realmente importante. Por isso, é essencial entender a nova agenda.

Esse período é de novidades e transformações. Sem ter isso em mente, o caminho do novo gerente é certo: ele será um chefe que não consegue levar a equipe a lugar algum. Sabe o que isso significa em palavras claras? Que o resultado não virá como deve. A consequência mais óbvia disso é o bônus, que será uma mixaria. É claro que em momentos de economia em alta, isso fica imerso. Os negócios vão bem e o resultado, mesmo que fraco, acaba vindo. Mas, na primeira dificuldade, o novo líder mostra se é capaz ou não de entregar as metas. Pesquisas mostram que, nos dois primeiros anos no comando, 60% dos novos líderes falham. Em outras palavras, só 40% dos líderes alcançam as metas. Estar nesse grupo é uma decisão, acima de tudo, sua.

#DICADUKA

As três dimensões (habilidades, valores e administração do tempo) é a forma como você usa o tempo, o ponto de partida para uma boa liderança. Faça uma reflexão das últimas semanas. Quanto do seu tempo você "gastou" conhecendo as pessoas que você lidera? Quanto tempo você usou para dar feedback e desenvolver a sua equipe? Cuidado para não perder o tempo em atividades que você fazia antes de ser promovido!

TENHA O FOCO CORRETO

Muitos líderes de primeira viagem acreditam que agora a autoridade e liberdade garantem que as coisas de fato aconteçam. É aquela velha história de "deixa comigo que está garantido". Ninguém pensa nisso à toa. Afinal, a orquestra depende do comando de alguém para tocar. Se está com seu ritmo e com o compasso que achar melhor, chegará na música que você deseja. O problema é que, com o passar do tempo, fica nítido que obediência não é sinônimo de comprometimento e controle pode ser tão arriscado quanto querer segurar um salmão que salta e luta contra a correnteza de um rio. E, na primeira desafinada, os líderes novatos decidem refazer a tarefa operacional que faziam tão bem. É como se o treinador, na hora do aperto, entrasse em campo para substituir o zagueiro e fazer o gol. A regra é clara: treinador não pode entrar em campo, ou seja, o cartão vermelho para o treinador é expulsão. Como nas empresas não funciona assim, os treinadores acabam por fazer isso quase que em todos os jogos do campeonato. São justamente atitudes como essa as bases da armadilha perfeita para eles falharem. A principal lição que um líder de primeira viagem deveria aprender é que **É NECESSÁRIO MUDAR O FOCO: DEIXAR AS TAREFAS DE LADO PARA OUVIR OS LIDERADOS.** Só assim um chefe consegue engajar as pessoas.

Falar isso é fácil. A verdade é que, no corre-corre corporativo, o profissional chega ao escritório, no dia seguinte da promoção, pega as coisas, muda de mesa e pensa: o que faço agora?

- **A primeira ação como novo líder é mais simples do que parece: conversar com o seu chefe.** Ajustar a expectativa do seu chefe com a sua é essencial para planejar o que você vai falar à sua equipe e qual destino todos devem seguir. Se você não tem clareza sobre as suas atribuições e os resultados esperados por ele, você não conseguirá passar isso à sua equipe e daí para uma bola de neve de desencontros, falta de comunicação e retrabalho se formar é fácil.

- **Esqueça as tarefas operacionais ou de rotina e invista um tempo em conhecer as pessoas da sua equipe.** Deixe de lado as planilhas, os e-mails e a arrumação da nova mesa. Vá tomar um café com cada um do grupo que você passou a administrar. Entenda as expectativas de cada um, veja o que cada um tem de melhor e como aqueles soldados podem se organizar para que todos vençam a batalha.

- **Dedique-se também em construir relacionamentos com seus "novos pares".** Você perceberá, ao longo do tempo, que os chefes também têm problemas com os pares. Há aliados e inimigos, assim como havia antes. O poder, verdadeiramente eficiente, vem da capacidade de influenciar e estabelecer credibilidade com subordinados, superiores e pares. Se você tem uma atitude com um membro da equipe, todos os demais serão influenciados.

#DICADUKA

Para uma atividade ser um ponto forte, você precisa realizá-la consistentemente. Você também deve extrair alguma satisfação íntima dessa ação. A capacidade de uma coisa só é um ponto forte se você consegue se imaginar fazendo aquilo repetidamente, com alegria e com êxito. Como líder, você deve focar nos pontos fortes dos seus liderados. Invista um tempo identificando o que cada um faz de melhor e, se possível, delegue atividades para que possam praticar aquilo que têm de melhor. Exercida prazerosamente, a interação com a equipe é um diferencial positivo ao novo líder.

AS CARACTERÍSTICAS DE UM LÍDER

Como, então, ser um líder eficaz nesse cenário? O ponto de partida é o AUTOCONHECIMENTO. O desenvolvimento da liderança é, em última análise, autodesenvolvimento. Quando um profissional passa a ser líder, o primeiro desafio é ele se promover. Não, não é preciso contratar uma assessoria de imprensa ou uma equipe de relações públicas. Mas, sim, olhar de outra maneira a forma como usa seu tempo e se coloca para os outros. Duas perguntas podem ajudar a entender isso melhor:

QUAIS AS PRINCIPAIS CARACTERÍSTICAS DE UM LÍDER EM SUA OPINIÃO?
QUAIS COMPORTAMENTOS REFLETEM A PRÁTICA DE UMA LIDERANÇA EFICAZ?

Ao refletir sobre essas questões, você provavelmente se lembrará de líderes que marcaram a sua história. Se você pensar nos líderes que já teve ao longo da sua vida profissional e pessoal, é fácil identificá-los entre os inspiradores e os tranqueiras. Aqui, caro leitor, é uma questão de sorte. Há pessoas que tiveram mais inspiradores e outras que tiveram mais tranqueiras. Pare um pouco e pense: qual desses dois grupos é o seu caso? Se você teve mais líderes tranqueiras, pode até ser que lamente a falta de sorte, mas lembre-se: você pode tirar proveito dessas amargas experiências, por ter tido ótimos modelos de "como não liderar". O que você nunca gostou na atuação deles e não quer repetir? Agora olhe a sua lista de líderes inspiradores: O que eles têm em comum? Por que eles motivaram você? Quais as atitudes você admirava e copiaria? Escreva isso em um papel e deixe muito claro o caminho que você quer seguir. Desde que você saiu do campo e sentou no banco do treinador, o jogo virou. Agora, você precisa estar mais atento que nunca.

O pai da administração moderna, Peter Drucker, destaca quatro características que observou em executivos, gestores e alunos que são líderes de sucesso.

Eles são: líderes que inspiram **SEGUIDORES VOLUNTÁRIOS** – as pessoas te seguem pela moral e não pelo crachá; líderes que buscam **RESULTADOS** – afinal, é necessário garantir a sobrevivência do negócio; líderes que se colocam como **EXEMPLOS** – as pessoas até toleram que você erre, o que não toleram é a incoerência; líderes que têm **RESPONSABILIDADE** na tomada de decisão – tomando decisões solitárias ou solidárias.

Segundo Drucker, "a qualidade da liderança não se mede pela popularidade que gozam, mas pelos resultados que conseguem produzir. A liderança não é uma questão de classificação, de privilégios, de títulos ou de dinheiro. É uma questão de responsabilidade". E essa responsabilidade é avaliada a partir das decisões que o líder toma. Boas decisões geram credibilidade e, consequentemente, confiança. O nível de eficácia do líder é estabelecido da percepção que os seguidores possuem a respeito dele. A partir do momento em que se vira líder e está em evidência, os passos passam a ser monitorados. Lembre-se: são os liderados que validam o líder!

#DICADUKA

A diferença entre líder e liderança é que o líder é uma pessoa que possui seguidores voluntários, desenvolve pessoas, foca no resultado e precisa ficar atento a essa responsabilidade de decidir. A liderança é um conjunto de líderes de uma empresa que pactuam das mesmas crenças e valores. A empresa pode ter um líder sem ter uma liderança, mas uma liderança corporativa sem ter um líder é impossível. Pense nisso!

O LÍDER NASCE PRONTO?

Com muita frequência sou questionado se a liderança nasce pronta ou se pode ser desenvolvida. A resposta é fácil: líderes são desenvolvidos. Isso porque a liderança é uma competência, não uma dádiva. Explico melhor: a competência é um conhecimento colocado em ação e é por isso que só pode ser desenvolvida por meio da prática. Uma das coisas que costumo contar para os participantes das minhas aulas e cursos é que o aprendizado da liderança tem início, tem meio, mas não tem fim. Um líder nunca está pronto! Quanto mais tempo a pessoa exercer a liderança, mais vai aprender.

Mais do que apenas deixar o relógio dar voltas, o líder deve criar oportunidades desafiadoras para colocar em ação seus conhecimentos e habilidades na arte de mobilizar pessoas. Se pensarmos que sorte é o encontro da oportunidade com a preparação, o líder pode criar a sua própria sorte buscando experiências que resultem em um desenvolvimento pessoal. A fórmula do crescimento profissional é a expansão em círculos concêntricos. O que isso quer dizer? Imagine que a cada novo projeto ou tarefa você deve ter como meta ampliar suas habilidades. Para isso, é preciso se expor gradativamente a situações de crescentes complexidades, ambiguidade e velocidade. Caso contrário, você ascenderá em sua carreira sem aprofundar a vivência como líder, o que a longo prazo pode significar uma estagnação profissional.

E essa é uma ótima notícia, afinal isso significa que todos podem ser líderes: basta treinar. E com exercícios na dose certa é possível tonificar os músculos da liderança e se transformar em um excelente líder. Assim como o médico precisa passar pela residência, fazendo plantão no pronto-socorro do hospital durante a sua formação em medicina, o profissional corporativo também precisa passar pela experiência de dirigir um grupo e ter que decidir. E, sendo mais preciso, precisa dar respostas sob pressão, lutando contra o relógio, antes de assumir verdadeiramente o cargo de chefe. A grande maioria dos profissionais é alçada ao cargo de líder e acaba tendo que aprender na marra. No final, só podemos ter certeza se o profissional está pronto para exercer a liderança quando ele tem, de fato, a primeira experiência em liderar. Antes disso, é apenas treino preparatório.

A forma de fazer a experiência da liderança ser menos traumática é, sem dúvida, a prática. Assim como andar de bicicleta, é preciso colocar as rodinhas de apoio e andar em um terreno conhecido, sem muitos acidentes no trajeto. Para ganhar confiança, é necessário conhecer o ambiente o máximo possível. Logo, o melhor exercício é ensinar algo como, por exemplo, a prática do *feedback* a pessoas próximas – um amigo, um colega de trabalho ou um parente. Você provavelmente conhece aquela pessoa. Sabe um pouco da história dela, tem proximidade e assuntos em comum, o que facilita o convívio. Mas, antes de qualquer coisa, faça dois questionamentos:

Como essa pessoa aprende?
Como ela gosta de ser reconhecida?

Com isso, você descobre a forma como ela prefere aprender e como gosta de ser valorizada – duas características importantes para gerar um vínculo entre líder e liderado. Depois, reflita sobre as características dessa pessoa: Ela faz atividade física? Quais os seus esportes preferidos? Sabe cozinhar? Gosta de ler? A quais autores ela faz referências?

Quando você entende como o outro funciona, você consegue saber qual caminho deve sugerir para ele chegar ao destino proposto. Vamos supor que você esteja tentando ensinar um colega de trabalho a usar uma calculadora financeira. A reflexão na ação consiste em pensar sobre a forma como você está ensinando seu colega no momento em que dá as orientações. Ele já sabe usar as teclas de somar e dividir? Ele já consegue calcular juros compostos? Qual a formação do "aluno" em questão? Ele é pragmático ou prefere uma boa teoria? Parar e refletir sobre o "momento da aula" permite que você faça os ajustes necessários e também crie um clima de flexibilidade, bom humor e desafio.

Esse é um ótimo começo. Assim como liderar, ensinar bem não significa ser rígido, intransigente ou ter uma programação estanque. Tem a ver, sim, com ser flexível, fluido, experimentar e ter confiança para reagir e adaptar-se às mudanças. Quando você faz esse exercício de ensinar, você está aprendendo a liderar, pois ensinar algo novo nada mais é do que guiar os passos de alguém a partir das ferramentas dele.

Você pode fazer isso em diversos lugares e situações. O importante é treinar o mecanismo de entender o outro lado e traduzir para ele o que você quer ensinar ou dizer. Isso pode ser feito em um trabalho voluntário, quando as realidades são muito diferentes, ajudando colegas de equipe em algum assunto que você entende muito, liderando um grupo que tem um objetivo em comum. **PARA COLOCAR EM AÇÃO SEUS CONHECIMENTOS E HABILIDADES SOBRE A ARTE DE MOBILIZAR PESSOAS, É PRECISO CRIAR OPORTUNIDADES.** Nada cairá do céu.

#DICADUKA

Eu viajo bastante de avião e um exercício que costumo fazer é ficar ouvindo uma música e observar, discretamente, alguém na sala de embarque. Tento imaginar o que ela faz, se ela usa ou tem alguma indicação para onde ela vai viajar, se está sozinha ou acompanhada... Às vezes, você se surpreende com a quantidade de informação que podemos ter sobre os outros e nem percebemos.

CAPÍTULO 5

CONHEÇA O SEU POTENCIAL

Antes de qualquer coisa, é preciso fazer o exercício de identificar seu potencial (aquilo que você gosta de fazer e faz muito bem). Você já parou para pensar no que realmente faz você acordar todos os dias? Já parou para refletir quais são seus combustíveis? A energia é criada quando dois corpos entram em contato. Se há uma boa química, é gerada mais rapidamente e de forma mais potente – pense que é muito mais fácil acender uma fogueira jogando álcool e um fósforo aceso do que friccionar dois gravetos. E a sua energia, como é criada? Qual é o outro elemento que, quando em contato com você, cria algo único, potente e resplandecente?

Depois de descobrir, você precisa saber maneiras de cultivá-lo – aqui estamos falando da prática deliberada, da disciplina e da busca pela excelência. É ser o melhor naquilo que você faz a partir das ferramentas que tem disponíveis. Por último, é importante ficar atento às situações que podem tirá-lo do aprendizado das suas habilidades essenciais, ou seja, perder o foco de trabalhar com os seus pontos fortes. Geralmente nos distraímos e acabamos seguindo por outros caminhos, que nos tiram do destino final.

As pessoas não compram o que você faz, elas compram porque você faz. Por que você faz o que faz? Saber do seu porquê não é o único jeito de ser bem-sucedido, mas é o único jeito de manter um sucesso duradouro e de ter uma mescla maior de inovações e flexibilidade. Simon Sinek, um dos palestrantes mais assistidos no TED e autor do livro "Por quê? Como os grandes líderes inspiram ação", da Editora Saraiva, acredita que, se começarmos pelas perguntas erradas, se não entendermos a causa, então mesmo as respostas certas sempre nos orientarão para o lado errado. PARA TER CLAREZA DO SEU PROPÓSITO, É NECESSÁRIO TER AUTOCONHECIMENTO, CONHECER O IMPACTO DO SEU TRABALHO NAS PESSOAS E, PRINCIPALMENTE, SE SATISFAZER COM AS REALIZAÇÕES DAS SUAS OBRAS. O que se espera de um líder é credibilidade, e isso significa alinhar palavras e ações.

#DICADUKA

Um exercício que uso em sala de aula é pedir para os alunos responderem a seguinte pergunta: Para que serve a sua área/seu departamento na empresa? Em seguida, exibo o vídeo do Simon Sinek e, por fim, peço para que os alunos olhem novamente para a sua frase e pergunto se gostariam de mudar as respostas. Na maioria das vezes, os alunos alteram as respostas para deixar mais evidente o motivo da sua área existir.

A SUA NOVA ROTINA

O que muda na sua rotina de hoje em diante? Você já sabe que agora suas tarefas deixam de ser operacionais e que deve buscar resultados por meio da equipe. Isso é o começo, mas não explica tudo. Ram Charan, o consultor e escritor indiano que por 20 anos foi coach do grande executivo e referência na arte de liderar Jack Welch, enumera no livro "Pipeline de Liderança" (Editora Campus) o que um líder deve saber fazer. Sinteticamente, o cotidiano de um líder deve ser composto de cinco atividades essenciais: rotina, oportunidade, desenvolvimento, ativação e relacionamento.

ROTINA

Ações que fazem parte do seu *check list* diário;

OPORTUNIDADE

Atividades de melhoria de produtos ou de processos;

DESENVOLVIMENTO
Espaço da sua agenda para o seu desenvolvimento e também dos seus liderados;

ATIVAÇÃO
Momentos que você comunica um novo produto, processo ou responsabilidade;

RELACIONAMENTO
Situações nas quais você reforça vínculos e gera afinidades.

No livro, Charan propõe um exercício para despertar nos líderes a consciência de como eles organizam seu tempo de trabalho. A primeira ação é escrever um relatório do último mês e verificar quanto tempo foi empenhado em cada uma das cinco atividades. Na maioria das vezes, gestores gastam quase 80% das horas semanais com rotina, o que deixa pouco ou quase nada de tempo para que o líder possa desenvolver a si mesmo ou à sua equipe e ainda investir na construção de relacionamentos de valor.

O segundo exercício proposto pelo guru indiano é levar o líder a descrever quais são as capacidades requeridas para que ele cumpra suas responsabilidades. O objetivo aqui é que o líder reflita e ponha no papel, de maneira objetiva, o que ele precisa saber para exercer a função à qual foi designado. É importante nessa tarefa que a empresa saiba dizer também quais competências são esperadas daquele cargo. Uma comparação entre o que líder tem e o que a empresa espera permite definir quais são os pontos mais importantes a serem desenvolvidos para que aquele profissional possa exercer seu cargo plenamente. Atenção neste exercício: muitas vezes o líder acredita que faz coisas que são de sua responsabilidade, mas que na verdade cabem a seus liderados. A terceira e última ação proposta por Charan é procurar descobrir a quais itens o gestor dá prioridade na sua responsabilidade, ou seja, onde ele gasta energia e assim identificar se o esforço está gerando resultados.

A verdade é que, quanto maior a observação, mais profunda será a experiência de liderar. A habilidade de avaliar as pessoas pode ser tão objetiva quanto a de interpretar números. Boa parte do trabalho de um líder mais experiente é investir o seu tempo em observar, escutar e desenvolver as pessoas da empresa. Se você já ocupa uma função de liderança, faça a seguinte reflexão: na minha última semana, quanto do meu tempo gastei em "coisas" e quanto gastei em "pessoas" da minha equipe? Você estará no caminho certo para ser um bom líder se, ao menos, gastou uns 30% do tempo semanal em "pessoas". Uma forma interessante de olhar para uma equipe é proposta pelo mesmo Ram Charan em outro livro – 'Líder Criador de Líderes', da Editora Elsevier. Segundo o autor, ao observar o uso do seu tempo, tenha em mente a prática de dois talentos importantes: o talento social e o talento nos negócios.

TALENTO SOCIAL: é a habilidade de selecionar pessoas certas e motivá-las a trabalhar bem em equipe. Os líderes com talento social obtêm o melhor do seu pessoal, estabelecendo metas claras, oferecendo *feedback* e orientação frequente. Sabem usar a sua rede de relacionamento.

TALENTO NOS NEGÓCIOS: é a habilidade de saber como a empresa ganha dinheiro, ou seja, o que ela oferece aos clientes e como ela se compara à concorrência. Os líderes com talento nos negócios fazem o processamento das informações rapidamente e tomam as decisões que geram resultados claros e mensuráveis.

#DICADUKA

Quando for refletir sobre as suas práticas como líder, observe se as suas ações demonstram que você: sabe aonde quer chegar; preocupa-se com o resultado final; estimula os demais na criação de metas; é capaz de ajudar os outros a focalizarem o resultado final.

SE VOCÊ NÃO AGUENTA O CALOR, NÃO TRABALHE NA COZINHA!

O cotidiano de um líder não é ameno nem previsível. A pressão faz parte dos negócios. Um fator diferenciador de cada líder está na forma como cada um reage quando está trabalhando próximo ao limite. Para alguns, a perspectiva de uma promoção pode gerar alta ansiedade. Outros temem cometer um erro sério. Há ainda os que entram em pânico com a perspectiva de perder um belo contrato para um concorrente. Seja qual for a fonte do estresse, todo líder passa por isso. A pergunta é: como você se comporta sob pressão e que comportamentos você expressa aos seus liderados? Se em um dia bom todos já observam bastante o movimento do líder, durante uma crise ele é observado com um microscópio. Cada gesto será estudado. É nessa hora que seus liderados descobrem e percebem muito sobre você e sobre seus reais comportamentos, muitas vezes em contraste com o seu discurso. É preciso ter uma boa dose de autoconhecimento para reconhecer as situações que geram alta ansiedade e ajustar o seu comportamento de modo a evitar enviar recados não produtivos.

Existem líderes que agem de modo controlado e ponderado durante a maior parte do tempo. Infelizmente, quando o "bicho pega", eles reagem de um jeito que cria um clima muito negativo. Sem querer, condicionam aqueles sob seu comando a agir da mesma forma. Lembre-se: o exemplo não é uma das formas de liderar e sim a única. Se um líder reage mal em momentos tensos, dificilmente sua equipe vai alertá-lo para potenciais problemas. Isso pode criar um ambiente propenso a surpresas desagradáveis, já que o sistema natural de alerta da empresa foi sem querer desativado. O processo de amadurecimento do líder inclui aprender a parar e pensar sobre aquilo que gera ansiedade e estar atento à própria reação em uma situação adversa. E, principalmente, disciplinar-se para que seu comportamento seja coerente com seus valores e suas crenças. A credibilidade é a base da liderança.

No romance "Grande Sertão: Veredas", o escritor Guimarães Rosa cunha uma frase que tem tudo a ver com a prática diária do líder: *"O correr da vida embrulha tudo. A vida é assim: esquenta e esfria, aperta e daí afrouxa, sossega e depois desinquieta. O que ela quer da gente é coragem".*

A palavra resiliência deriva do latim *resilientia*, do verbo resilio (re + salio), que significa "saltar para trás", recuperar-se, voltar ao "normal". Emprestado da engenharia e da física há quase 50 anos, o termo foi adotado pela psicologia, referindo-se a uma habilidade de recuperar o aspecto original após situações estressantes, crises ou períodos de muita pressão.

A resiliência é uma competência que pode ser aprendida mediante esforço disciplinado e sistemático. Somos muito mais suscetíveis a perdas do que a ganhos, o que significa que pensamos em resiliência predominantemente em situações negativas. A prática da liderança, ao requerer o hábito de se expor a cenários desafiadores, exige que o profissional aprenda a reagir na adversidade. Conforme enfrentamos as situações de estresse, mais resilientes nos tornamos. Com o passar do tempo, diminuímos nossa vulnerabilidade e adquirimos confiança para tomar decisões.

#DICADUKA

Em momentos de grande pressão, procure "parar por 5 minutos" e de preferência longe dos olhos dos seus liderados. Uma caminhada acompanhada de alguns alongamentos pode ajudar. Outra forma é conversar com alguém do seu relacionamento e de fora do contexto que pode te ajudar a ver a situação por outro ponto de vista.

OUÇA MAIS E FALE MENOS

Quando Marcel Telles foi designado para comandar a cervejaria Brahma, em 1989, seu sócio Beto Sicupira lhe deu um conselho: 'Não mexa em nada antes, porque tudo o que te parecer óbvio será parecido com a opinião que o motorista de táxi ou o barbeiro teriam para resolver aquele problema. E normalmente não será a decisão correta. Faça o que achar que você sabe'. Por trás do conselho de Sicupira estava um ensinamento valioso, mas que poucos líderes levam em consideração quando assumem uma nova equipe: não adianta chegar a um cargo de comando e querer mudar tudo. O melhor a se fazer no começo é estudar a nova equipe. Como aconselhava o lendário ex-presidente da GE, Jack Welch, é fazer um mergulho para entender tudo o que puder. Só assim você poderá tirar conclusões e tomar decisões mais acertadas – o que significa manter as pessoas certas, dispensar as que não trarão resultados e saber quais mapas dar à nova equipe.

Como líder, é necessário ouvir. Só assim você será ouvido. Ouvir é o primeiro passo para trabalhar com os outros e consigo mesmo. Talvez o silêncio seja o teste mais difícil para a inteligência e a concentração corporal. Muitos líderes comentam que não conseguem conhecer a sua equipe e investem pouco tempo em ouvir as pessoas que lideram. Volto aqui ao texto "Escutatória", do mineiro Rubem Alves. Quando o li pela primeira vez, percebi o quanto não estamos acostumados a ouvir. O autor começa assim:

"Sempre vejo anunciados cursos de oratória. Nunca vi anunciado curso de escutatória. Todo mundo quer aprender a falar. Ninguém quer aprender a ouvir. Pensei em oferecer um curso de escutatória. Mas acho que ninguém vai se matricular."

Silenciar é uma oportunidade profunda e misteriosa. O ouvido é o mais passivo dos órgãos de sentido. Podemos nos recusar a ver, fechando os olhos, como podemos nos recusar a sentir algo, a falar ou até a provar algumas coisas. Mas deixar de ouvir o que acontece ao nosso redor é praticamente impossível. Um barulho súbito provoca uma reação involuntária. Nenhum dos nossos sentidos pode nos desequilibrar tanto quanto a audição. **PARA VOCÊ QUE É LÍDER, É FUNDAMENTAL QUE APRENDA A OUVIR O QUE SEUS LIDERADOS TÊM A DIZER.** Muitas vezes a expressão não virá pela fala, mas por gestos, e-mails e, principalmente, pelo olhar. Aprenda a olhar nos olhos deles e identificar suas necessidades, anseios e desejos. A incapacidade de ouvir é a manifestação mais constante e sutil da nossa arrogância e vaidade, algo tão comum a muitos líderes. Ouvir é algo que pode ser aprendido. O correto direcionamento da atenção exige muito tempo de treinamento, experiência e dedicação. O ouvir precisa ser espreitado por meio do silêncio. Um bom exercício é eleger 20 minutos para você apenas ouvir. Pode ser em uma caminhada, no escritório ou até mesmo em casa. Quais são os sons mais comuns do ambiente no qual você está?

A maioria dos líderes acredita que os liderados querem ouvir. Erram. Os liderados querem é falar. Eles têm angústias e dúvidas – e muitas vezes ótimas ideias para trazer resultados melhores. Certa vez, um líder que estava na posição há alguns anos reclamou que raramente o que ele indicava à sua equipe era feito. Conversando com esse executivo, percebi que seu grande erro era que, praticamente, apenas ele falava. Considerava a si próprio o grande oráculo daquele grupo. Guru por guru, os funcionários acabavam por escolher as ideias próprias. Disse a ele, àquela época: "A maior dica que posso te dar é para que você fique em silêncio enquanto estiver ouvindo o outro". É comum termos o desejo de expressar as próprias opiniões. Esse é um mecanismo que usamos até para entender e reafirmar as próprias ideias novamente para nós mesmos.

#DICADUKA

Um bom líder basicamente segue os seguintes passos, ao conversar com sua equipe:

- **FAZ POUCAS PERGUNTAS.** Costumam perguntar "como as coisas estão indo" e "no que posso ajudar".
- **IDENTIFICA O QUE INTERESSA.** Ao priorizar qual o real interesse naquela conversa, a interação fica mais direta e produtiva. Só tome cuidado para não ficar tão enviesado no que você quer ouvir e deixar de dar atenção ao que o outro realmente quer falar.
- **MANTÉM O OLHAR NO INTERLOCUTOR.** Se você acompanhar a conversa com mais de um sentido, será mais fácil interpretar o que o outro quer dizer.

CONECTE-SE, DEPOIS LIDERE

Antes de tentar influenciar as pessoas, conecte-se a elas. Líderes que projetam a força antes de estabelecer a afetividade correm o risco de provocar medo. Por isso, é preciso ouvir e entender os outros. A afetividade é o melhor condutor da influência. Liderar exige confiança, reciprocidade e comunicação. Uma boa pergunta que você deve se fazer é:

De que maneiras o líder pode manifestar a afetividade?

São três os caminhos: a inclusão, a afinidade e a empatia. A **inclusão** está relacionada ao sentimento de significância, de pertencer. Alguns comportamentos como "dar bom dia", olhar nos olhos, ouvir as opiniões dos liderados para definir as responsabilidades em um projeto, por exemplo, facilitam a conexão. A **afinidade** exige uma investigação dos pontos em comum do líder com os liderados. Pode ser um tipo de esporte, um local interessante para se divertir ou até mesmo uma área de interesse. Diferenças podem existir, como nível cultural ou socioeconômico, mas com uma boa dose de criatividade é possível encontrar um bom papo. A EMPATIA significa se colocar no lugar do outro e, principalmente, identificar o desejo do outro de ser ouvido e visto. Líderes empáticos geram um sentimento de que "ele me entende" e permite que os liderados abordem problemas delicados. *Trate o outro do jeito que ele gostaria de ser tratado.* Por outro lado, um líder precisa demonstrar a sua força e competência. Essa força aqui é sinônimo de poder, de autoridade e de responsabilidade. O que não pode é o líder acreditar que apenas isso (força) é suficiente para que os liderados o sigam. No curto prazo pode até funcionar, mas repito: não gera vínculo.

#DICADUKA

"Coaching in a box" é um material produzido pela coach Flavia Lippi, disponível nas livrarias. Ele reúne cem cartões com perguntas para iniciar uma conversa sobre autodesenvolvimento e também trocar experiências. Quando você faz perguntas sobre os objetivos e interesses dos seus liderados, você expressa o sentimento de inclusão para o seu liderado.

CAPÍTULO 6

AS FERRAMENTAS PARA O NOVO LÍDER

Para construir uma narrativa pessoal e ter o seu ponto de vista sobre liderança, responda às perguntas abaixo:

- Quem são os influenciadores que inspiraram positiva ou negativamente sua visão de mundo, tais como pais, professores, orientadores ou chefes? O que você aprendeu sobre a liderança com essas pessoas?
- Que eventos da sua vida mudaram a forma como você exerce a liderança? Pense em fatos importantes da sua infância, de seus anos de escola e no começo da sua carreira. Pense em seu propósito de vida. Por que está no mundo e o que quer realizar?
- Quais são os valores centrais que guiarão seus comportamentos à medida que tenta realizar seu propósito de vida?
- O que seus colaboradores podem esperar de você? O que você espera de seus colaboradores? Como servirá de exemplo para eles?

CREDIBILIDADE É A BASE DA LIDERANÇA

A credibilidade não é validada por você, mas por aqueles que você lidera. A adversidade e dificuldades põem os liderados à prova. Tempos atuais exigem ações ousadas e medidas arriscadas, mas acredite: quase sempre com resultados previsíveis. "*Insanidade é querer resultados diferentes fazendo sempre as mesmas coisas*", já dizia Albert Einstein. Por isso, todo líder em determinados momentos da história da empresa, seja por uma oportunidade ou ameaça, precisa solicitar aos liderados que mudem, que se transformem e que façam as coisas de forma diferente.

A adesão a esse "convite de mudança" é diretamente proporcional à confiança que os liderados têm do seu líder. Agora vem a pergunta: o que um líder precisa fazer para que os liderados acreditem nele? A liderança é algo que vivenciamos na interação com o outro ser humano. A confiança surge da convivência e da coerência, a credibilidade é a base da liderança.

Não são os líderes que decidem quem lidera. São os liderados. As palavras crédito e credibilidade provêm da mesma raiz, credo, que significa "confio ou acredito". Quando os liderados percebem que seu líder tem credibilidade, são muito mais propensos a:

- Ter orgulho de dizer aos outros que fazem parte da empresa;
- Ter um forte sentido de espírito de equipe;
- Ver que seus próprios valores pessoais são coerentes com os da empresa;
- Sentir ligação e compromisso com a empresa;
- Ter um sentimento de "dono da empresa".

#DICADUKA

Os líderes são vistos como confiáveis quando se preocupam com os interesses dos liderados. Lembre-se: os liderados não servem aos líderes; os líderes servem aos liderados. Ambos servem a um propósito comum. Compartilhem diariamente os seus valores.

PEÇA E DÊ FEEDBACK REGULARMENTE

Falar para o outro a verdade sobre o trabalho desempenhado por ele não é uma tarefa fácil. O *feedback* deve ser dosado de acordo com as necessidades e preferências de cada pessoa. Se for um *feedback* pobre, a relação será igualmente pobre. Se for ofensivo, assim será a relação. Mas, se for de construção, a relação será positiva.

Quando falo de *feedback,* é importante lembrar que o recebemos informalmente no dia a dia, além do *feedback* realizado de forma estruturada, periódica e de preferência após uma avaliaçao. Sem *feedback*, voamos às cegas! Sem ele não podemos aprender. E sem aprendizagem não podemos viver!

Como líder, é preciso ter confiança para ficar de pé e falar com a sua equipe, e também é necessário ter coragem para sentar e ouvir. A qualidade do seu autoconhecimento está diretamente relacionada com a frequência que você dá e recebe *feedback*. Lembre-se, se há alguém no universo corporativo que te estuda, analisa e te conhece muito bem são os seus liderados.

AO DAR *FEEDBACK,* tenha sempre o intuito de melhorar a performance de uma pessoa, por isso, foque sempre no comportamento. Use uma afirmação clara baseada em dados e fatos. Deixe claro o impacto desse comportamento para a pessoa, para quem convive com ela e para a organização. E, por último, forneça sugestões de comportamentos para que a pessoa perceba que existe mais de um caminho para melhorar.

AO PEDIR UM *FEEDBACK,* pratique a escuta ativa. Procure prestar atenção no que a outra pessoa está dizendo, mantenha um contato visual e use expressões faciais que sinalizam interesse na conversa. Adie o julgamento, pois um ponto de vista é apenas uma percepção, e no final do *feedback* agradeça. Se tiver algo que você não entendeu, peça um esclarecimento e não faça uma justificativa.

O foco do *feedback* é orientação, não punição e nem ameaça. Ele é uma ferramenta de desenvolvimento. É importante que você, ao dar *feedback,* se empenhe no sentido de desenvolver uma postura que transmita firmeza e objetividade. Você precisa ser capaz de apresentar fatos e exemplos, sem emitir julgamentos pessoais – respeite o outro, sem deixar de lado as exigências do contexto.

Veja alguns lembretes para a hora do *feedback*:

Deve ser dado em particular: sempre vá a um local reservado, onde o ambiente deixe os dois confortáveis.

Ao dar: dirija-se diretamente à pessoa, olhe-a nos olhos e chame-a pelo nome. Use fatos e exemplos.

O outro lado: Permita que a outra pessoa exponha o seu ponto de vista.

Indique: Dê sempre mais de duas sugestões para a melhoria de um comportamento.

#DICADUKA

O melhor *feedback* é oportuno e informal. Quando for dar um *feedback* informal, escolha o positivo ou o corretivo, ou seja, no dia a dia NUNCA dê os dois *feedbacks* ao mesmo tempo. A palavra **mas,** que normalmente utilizamos para justificar a intenção de unir, na mesma conversa, o primeiro *feedback* ao segundo, sempre gera confusão e falta de prioridade.

DELEGUE PARA QUE SEUS LIDERADOS CRESÇAM

Outro passo importante na construção da credibilidade é a delegação. Os adultos aprendem fazendo e quando têm autonomia. Logo, delegar tarefas é um dos melhores motivadores e incentivadores para o crescimento profissional. Por que certos líderes não delegam? Porque têm pouca convivência com as pessoas da equipe, não confiam na competência do liderado, têm medo de perder a influência e por ter receio de não ter o reconhecimento pela entrega da tarefa, afinal, não será mais ele que fará.

Quando não há delegação, perde-se um tempo precioso que poderia ser usado em conhecer as tendências do mercado, fazer *networking*, participar de congressos e buscar soluções para o negócio.

Quando o líder não delega, ele faz o trabalho do seu liderado e as tarefas de responsabilidade do seu cargo não são entregues. As decisões se acumulam e isso gera um círculo vicioso: centralização nas decisões (a última palavra é sempre a sua), perda de competitividade (desconfiança gera burocracia) e acomodação dos liderados (falta de criatividade).

É importante entender que delegar não se resume a "mandar alguém fazer o trabalho". Tampouco significa entregar um setor a alguém de confiança e "fechar os olhos". Para que a delegação se realize efetivamente, é necessário transferir parcela do poder e da responsabilidade, bem como respaldar ações e decisões delegadas. A delegação é uma caminhada para o seu desenvolvimento e do seu liderado. Durante o processo de delegação, tenha sempre em mente: "Não importa quando e como você vai fazer a tarefa, desde que você me entregue no prazo e com qualidade". Há seis passos que podem ajudar nessa trilha:

ANALISE A TAREFA: Qual é a situação existente? Quando e o que precisa ser feito? Quais são os recursos disponíveis?

ESCOLHA A QUEM DELEGAR: Cruze os requisitos da tarefa com as qualificações da pessoa. Explique porque você a escolheu (destaque os pontos fortes) e forneça um contexto da tarefa.

PASSE O BASTÃO (MAS NÃO O ABACAXI): Descreva a meta da tarefa e seja específico quanto à responsabilidade e à autoridade. Demonstre confiança (seja autêntico, se você não confia... não delegue!).

ANALISE ANTES DE DELEGAR (CHECK-LIST): O projeto tem uma meta bem definida? É necessário um treinamento? Quais são os riscos inerentes? Qual a data de entrega?

EXECUTE A TAREFA: Estabeleça padrões de desempenho. A comunicação deve ser contínua entre quem delega e quem recebe a tarefa.

FAÇA ENCONTROS REGULARES: Agende sessões de bate-papo (faça o possível para não cancelar!) e dê sempre mais de duas sugestões quando identificar um problema.

#DICADUKA

Celebre as conquistas do seu liderado. Celebrar é um ritual natural do ser humano. Aquele velho discurso dos pais que dizem que o filho tirou dez porque é o mínimo que deveria fazer é um balde de água fria. Sempre comemore e parabenize o esforço!

SAIBA AVALIAR PESSOAS

Antes de avaliar, você precisa conhecer as pessoas da sua equipe. Liste os nomes de cada um e escreva ao lado a maior quantidade de informações que você sabe sobre ela nas seguintes áreas de interesse:

- Responsabilidades
- Tarefas prioritárias
- Como ela é avaliada
- Como ela avalia os outros
- Aspirações na carreira
- Estilo de trabalho
- Comunicação
- Áreas de incerteza
- Experiências anteriores
- Valores

O quanto você sabe sobre cada um deles? Quanto mais informações você souber, maior a sua chance de ser efetivo no ato de liderar essas pessoas, de guiá-los melhor. Se você não souber como cada um funciona, não fará a orquestra tocar afinada. E a verdade é que ninguém consegue realizar nada sem a colaboração de muitos – logo, sem ter o apoio das pessoas ao seu redor, seu papel de líder será resumido a nada. Sempre que falamos de um líder, estamos supondo que há um grupo de pessoas que o seguem, ou, pelo menos, que acreditam que a sua orientação será de fundamental importância para a execução de tarefas. Por outro lado, há um bocado de diferença entre pessoas trabalhando juntas em um projeto e todas elas apenas trabalhando ao mesmo tempo.

#DICADUKA

Um exercício que uso em sala de aula é o mapa da empatia. Escolha um amigo, irmão ou alguém próximo a você e responda estas seis perguntas que ajudarão a melhorar sua percepção sobre essa pessoa. O que pensa e sente? O que vê? O que fala e faz? O que ouve? Quais as suas fraquezas? Quais os seus pontos fortes?

CAPÍTULO 7

PERCEBA O CONTEXTO

O dia a dia de todo líder é repleto de informações que podem alterar de forma dramática o seu desempenho, da sua equipe e até da empresa. Essa atenção parcial contínua já faz parte do hábito diário do líder do século 21: *escanear* o horizonte e nunca se concentrar plenamente em uma determinada tarefa.

Como reflexão, proponho que o líder use regularmente uma lupa, uma lente angular e uma luneta, de forma a potencializar as informações e melhorar a sua qualidade nas tomadas de decisão.

A lupa serve para olhar e perceber seus liderados bem de perto. Liderança requer um interesse genuíno por pessoas, principalmente dos seus diretos. Observe as alterações de comportamentos que podem indicar uma falta de *feedback*, um reconhecimento pontual e também uma sensação de felicidade e maturidade.

A lente angular serve para você entender o contexto da sua equipe e também dos seus pares. Quais são os pontos de conflito dos seus liderados? Você tem comparado e acompanhado regularmente a disputa deles por recursos, pela sua atenção e pelo espaço político da equipe? Outro ponto no qual a lente pode ajudar o líder é perceber como andam as relações com os pares. Existe um sentimento de reciprocidade nas diversas interações com seus colegas? Você faz parte de um grupo que é percebido como fechado na empresa ou frequenta diferentes grupos e está sempre ampliando e cultivando a sua rede de relacionamento?

A luneta serve para olhar o futuro próximo. Você tem dedicado um tempo relevante para o seu desenvolvimento e também dos seus liderados? Está claro para você quem dos seus diretos pode suceder você nos próximos dois a três anos? A sua relação com seu líder permite uma troca de expectativas sobre o seu futuro?

#DICADUKA

Faça todo dia este exercício: certifique-se de que seus liderados, seus pares e seu líder percebem e recebem de forma adequada as suas orientações, trocas de experiências e seus anseios. Ao comunicar algo, pergunte depois: O que você fará com base na minha informação?

RESOLVA OS PROBLEMAS

Resolver problemas significa encontrar a melhor solução possível dentro das limitações do contexto. Busque a simplicidade no lugar da perfeição. Senso de urgência é fundamental: muitas vezes, você não precisará resolver tudo em uma tacada só. Comece, passo a passo, da melhor forma possível, mesmo que não seja a ideal, mas comece. O cenário ideal não existe, tudo muda o tempo todo e é preciso saber improvisar. Você verá que a maioria das pessoas congela nessas horas.

Aprenda a filtrar o julgamento de terceiros. Você pode ser um líder amado, temido, odiado, respeitado. Independente dos sentimentos, não há nada melhor do que ter alguém em quem se pode confiar para resolver problemas.

Por último, é fundamental se inteirar de tudo, o tempo todo. Você não precisa ser especialista, mas deve ter repertório e uma ampla caixa de ferramentas para acessar. Nem sempre sabemos para quê serve cada item ali dentro da caixa, mas, quando o problema certo aparecer, é ótimo ter referências e experiências que ajudem.

A capacidade de reagir positivamente diante de desafios e de encontrar soluções para eles definirá se um líder é bom de fato. Resultados só aparecem por meio da eliminação das forças e das barreiras que impedem as equipes de fazer o que precisam. Isso é fazer acontecer. Para um líder, é a adrenalina nos momentos complicados que faz o trabalho pulsar e dá sentido ao famoso "momento da verdade".

É possível construir uma bela carreira e reputação profissional desenrolando os nós. Para isso, o primeiro passo é parar de falar e assumir a responsabilidade nos momentos difíceis. Muita gente fala sobre isso, mas fazer é outra coisa. O "craque" é aquele que pede a bola quando o jogo está apertado, certo? Livre-se da marcação, corra para a área adversária, peça a bola, apareça no jogo. O importante é ter atitude e chamar para si a responsabilidade. Concentre as energias para encontrar as soluções. Perdemos muito tempo lamentando sobre culpa, causa e outros fatores que não resolvem a questão.

MOTIVE A SUA EQUIPE

Nas conversas com executivos e professores, uma pergunta sempre vem à tona: "como motivo meu liderado/aluno a querer fazer a tarefa com o máximo de qualidade?" Como líder, preciso saber como estimular as pessoas, afinal de contas, liderar não é fazer. Geralmente, a maneira mais comum de agir está baseada na premissa de que o mundo gira em torno de estímulo e recompensa; e costumamos pensar que a recompensa ajuda a obter o tipo de comportamento que queremos e que a punição aumenta a chance de alguém fazer o que queremos. Quando tentamos motivar alguém a fazer algo (motivação externa), normalmente oferecemos uma promessa ou uma ameaça. Nas tarefas em que temos um esforço físico – "faça isso, ganhe aquilo" –, quanto maior a recompensa, melhor o resultado. Porém, quando envolvemos habilidades cognitivas, aumentar a recompensa nem sempre é diretamente proporcional à melhora do resultado. Se considerarmos que atualmente a maior parte dos profissionais trabalha mais com a cabeça e o coração do que com os braços e as pernas, pare e reflita: de que forma tenho motivado as pessoas da minha equipe e/ou meus alunos?

A MOTIVAÇÃO EXTERNA FUNCIONA APENAS EM CURTO PRAZO E PARA A MELHORA PONTUAL DO RESULTADO. SE QUISER PERENIZÁ-LA, VOCÊ SERÁ OBRIGADO A OFERECER MAIS RECOMPENSAS OU AUMENTAR A PUNIÇÃO.

Com isso, ocorre a perda da produtividade e do comprometimento. Lembre-se: para as atividades simples e diretas, recompensa gera resultado. Para tarefas mais complicadas que envolvem criatividade, raciocínio e conceitos, recompensas não motivam. Fato: dinheiro é importante, mas como um requisito.

As pessoas nunca ficarão motivadas se ganharem pouco. Pague o suficiente para que o colaborador pense em trabalho, não em dinheiro. Entre ganhar mal e ganhar muito existe um abismo. Logo, voltamos à pergunta inicial sobre motivação: "o que motiva aquela pessoa a fazer determinada tarefa?" Ao olharmos mais de perto, percebemos que o prazer de fazer é a própria recompensa. O desempenho em si fornece uma satisfação pessoal antes, durante e depois da realização da tarefa.

Este impulso para a ação gera uma recompensa intrínseca – a motivação interna. São três os seus componentes: autonomia, domínio e propósito. Se você quer pessoas engajadas, ensine, estabeleça critérios, procedimentos e depois delegue. As pessoas precisam de autonomia sobre a tarefa (aquilo que fazem); o tempo (quando o fazem); a equipe (com quem o fazem); e a técnica (como fazem). Quanto de autonomia os seus liderados têm hoje no trabalho? É suficiente? Você tem condições de delegar quaisquer das tarefas que poderiam estar impedindo-os de buscar outros desafios?

Talvez a pergunta mais importante seja: você realmente conhece os talentos de cada pessoa da sua equipe? Para você conseguir, de fato, motivá-los, é preciso explorar o que cada um tem de melhor. Sem contar que os resultados serão bem melhores. É a lógica do cabo de guerra: quando todos puxam juntos e com o mesmo objetivo, ganhar fica mais fácil.

Um pensamento atual sobre eficiência nos aconselha a sermos flexíveis, aprendizes rápidos e versáteis, preparados, dispostos e capazes de passarmos de um desafio a outro. Uma análise mais profunda da excelência, porém, revela que nossa maior vantagem – nosso talento – é bastante precisa.

Todos têm áreas específicas em que se destacam, nas quais são capazes de fazer, ver, compreender melhor e aprender em menos tempo que a maioria das pessoas. E quando estamos nessas áreas, "em nossa zona de força", somos magníficos – brilhamos e trazemos resultados. Cabe justamente ao líder analisar e fornecer *feedback* frequente para que cada um possa ter a noção exata do seu talento e qual é a sua área de melhor desempenho.

Uma parábola que exemplifica isso é a da "Ferramentas da Marcenaria". Contam que, em uma carpintaria, certa vez, aconteceu uma assembleia. Foi uma reunião de ferramentas para acertar as diferenças. Um martelo exerceu a presidência, mas os participantes lhe notificaram que teria que renunciar. A causa? Fazia demasiado barulho – sem contar que passava todo o tempo golpeando. O martelo aceitou sua culpa, mas pediu que também fosse expulso o parafuso, dizendo que ele dava muitas voltas para conseguir algo. Diante do ataque, o parafuso concordou, mas, por sua vez, pediu a expulsão da lixa. Dizia que ela era muito áspera no tratamento com os demais, entrando sempre em atritos. A lixa acatou, com a condição de que se expulsasse o metro que sempre media os outros segundo a sua medida, como se fosse o único perfeito. Nesse momento, entrou o carpinteiro, juntou o material e iniciou o seu trabalho. Utilizou o martelo, a lixa, o metro e o parafuso. Finalmente, a rústica madeira se converteu em um bonito móvel. Quando a carpintaria ficou novamente só, a assembleia reativou a discussão. Foi então que o serrote tomou a palavra e disse: "Senhores, ficou demonstrado que temos defeitos, mas o carpinteiro trabalha com nossas qualidades, com os nossos talentos". A assembleia entendeu que o martelo era forte, o parafuso unia e dava força, a lixa era especial para limar e afinar asperezas, e o metro era preciso e exato. Perceberam-se então, como uma equipe capaz de produzir móveis de qualidade. Sentiram alegria pela oportunidade de trabalharem juntos. Ocorre o mesmo com os seres humanos. Basta observar e comprovar. Quando uma pessoa busca defeitos em outra, a situação torna-se tensa e negativa. Já o contrário, quando se busca com sinceridade os talentos dos outros, as melhores conquistas humanas florescem. É fácil encontrar defeitos, qualquer um pode fazê-lo. Mas encontrar qualidades é para os sábios!

#DICADUKA

Um dos desafios de todo líder é identificar os talentos de cada pessoa da sua equipe e criar oportunidades para colocar a pessoa certa, na função certa e no momento certo.

A MARCHA DAS 20 MILHAS

Quando escolhida livremente, a disciplina é a liberdade absoluta. Por que algumas empresas prosperam na incerteza, até mesmo no caos, e outras não? No seu último livro, "Vencedoras por opção", Jim Collins observa um grupo de sete empresas e seus respectivos concorrentes durante um período de 30 anos (de 1972 a 2002).

Durante esse tempo, as organizações passaram por crises de combustível, desregulamentação, violentos conflitos trabalhistas, greves, recessões destruidoras, altas absurdas de juros e sem dúvida o atentado de 11 de setembro em 2001. Ao estudá-las, Jim Collins identificou três comportamentos essenciais que, quando combinados, transformaram a incerteza em vantagem competitiva. São eles: DISCIPLINA FANÁTICA, CRIATIVIDADE EMPÍRICA E PARANOIA PRODUTIVA.

Ao destacar a disciplina, a perseverança ou a persistência, o autor utiliza a metáfora da marcha de 20 milhas: capacidade de atingir bons desempenhos a passos largos e com grande consistência em um longo período. Essa marcha das 20 milhas – que seria andar mais ou menos 34 km/dia, cria 2 tipos de comportamentos no grupo:

O desconforto de COMPROMETER-SE FIRMEMENTE com o elevado desempenho em condições difíceis;

O desconforto de CONTER-SE em condições favoráveis.

São 7 as características de uma boa marcha das 20 milhas:

- Utiliza marcos de desempenho bem claros
- Possui restrições autoimpostas
- É adequada ao empreendimento
- Está fundamentalmente sob controle da empresa
- Tem uma estrutura de tempo apropriada: período suficientemente longo para administrar e curto o bastante para produzir resultados
- É concebida e imposta pela própria empresa
- Deve ser realizada com grande consistência

#DICADUKA

A mudança favorece a mente preparada. Portanto, é pela disciplina – que se origina do vocábulo discípulo, que é aquele que treina e pratica deliberadamente – que podemos obter o sucesso. Impor a disciplina a si mesmo é uma das grandes vitórias do homem contra si mesmo.

PERGUNTE-SE SEMPRE

Todo líder passa por altos e baixos na carreira. Muitas vezes ele só para e pensa como as coisas vão indo quando já está dentro de um furacão e nessas condições a busca de uma saída é um pouco mais difícil. Convido você, leitor e líder, a refletir um pouco sobre algumas perguntas que tenho usado nos meus encontros com líderes de diversos calibres, sempre com o objetivo de gerar uma reflexão e um aprendizado. As perguntas sempre serão mais poderosas do que as afirmações quando o assunto em pauta é a solução de problemas e o desenvolvimento pessoal. As perguntas ajudam o líder a reconhecer e reorganizar seu conhecimento e visualizar com mais clareza as perspectivas. As perguntas mais difíceis fazem o líder pensar e refletir sobre como anda seu desempenho e, principalmente, o que é necessário mudar.

Acredito que todo líder deve se fazer regularmente estas 10 perguntas:

1. Como tenho gasto o meu tempo?
2. Tenho constantemente comunicado a visão da empresa e as nossas prioridades? Se o meu pessoal fosse questionado, eles seriam capazes de articular essa visão e essas prioridades?
3. Estou atento a mudanças no ambiente de negócios que exigiriam mudanças no modo como organizamos e tocamos a empresa?
4. Meu estilo de liderança reflete quem de fato sou?
5. Como me comporto sob pressão, e que sinais transmito à minha equipe?
6. Sou suficientemente assertivo ou virei um líder hesitante?
7. Forneço ao meu pessoal um *feedback* construtivo, direto, no momento oportuno?
8. Conto com cinco ou seis subordinados capazes de me dizer aquilo que preciso ouvir, por mais desagradável que seja?
9. Defini, ainda que apenas para mim, um ou mais potenciais sucessores?
10. Minha definição de líder reflete minhas ações diárias?

#DICADUKA

Lembre-se de que não há uma resposta certa e sim uma oportunidade para melhorar e crescer.

CONTE A SUA HISTÓRIA SOBRE O LIDERAR...

Por Marisabel Souza Prado Ribeiro

Líder em Talent Development na Korn Ferry e professora na ESPM e FGV

A TRILHA DE UM LÍDER

Sempre que me perguntam sobre minha carreira, costumo dizer que atuo em dois universos, regidos por premissas e lógicas distintas. De um lado, o mundo corporativo, onde atuo como gerente de consultoria em uma multinacional e, de outro, o mundo acadêmico, como professora.

Dois espaços de atuação com lógicas distintas que me fizeram compreender como a reflexão e a pressão por resultados podem caminhar por trajetórias tão diversas. Ao longo de 25 anos, venho construindo experiência em ambientes como instituições financeiras, setor de infraestrutura, instituições escolares e consultorias internacionais.

Tive várias oportunidades de ser liderada por grandes pessoas e com eles fui talhando minha aprendizagem concreta sobre o exercício da liderança. Assim, pude ser líder de pequenos grupos, de projetos, de pares, de grupos multidisciplinares, até líder de negócio.

Hoje, me sentindo mais preparada para a empreitada, já posso dizer que liderança está para o clima da equipe assim como o "bom clima" está para maiores resultados organizacionais.

Não há como crescer e nem florescer resultados diferenciados sem "cuidar" do impacto que se causa nas pessoas, sem se dedicar à construção de uma liderança de qualidade e sem exercitar a prática virtuosa da gestão de pessoas.

Um líder dedicado ao exercício de um conjunto de competências de liderança, impulsionado por um fazer de melhor qualidade, no que tange a pessoas, se determina e se disciplina a pensar e rever sempre qual impacto está causando na performance da equipe.

Considerando que a liderança é um processo situacional, isto é, um estilo de liderança se manifesta dependendo da situação, o propósito de atuação do líder deve ser sempre aquele que busca compreender os requisitos da situação, as condições e as pessoas que nela estão envolvidas.

Líder não é líder sozinho ou por determinação. Ser líder é sobretudo atuar segundo um modelo que melhor responda às necessidades de um determinado contexto, é fazer escolhas de modos de atuação em função de um conjunto de condições, necessidades, ambiente, etc.

Há várias facetas da liderança a se desenvolver, mas a faceta geradora da transformação dos liderados, de si mesmo e da organização certamente não pode se limitar a um conjunto de regras a serem adotadas. Para construir uma marca de liderança consistente e que transcende o cotidiano e melhora todo o entorno, tem que anunciar os valores que sustentam o líder, sua crença e convicções.

Assim, tenho buscado construir os pilares de minha sustentação profissional e delas faço minha "dicaDuka":

Busque aprender sempre, para enriquecer seus conhecimentos e manter atualizados os saberes necessários para o exercício eficiente e diferenciador de sua prática cotidiana. Mantendo-se sintonizado aos estudos de tendências e às discussões sobre o mundo dos negócios, será mais fácil construir autoconfiança e respaldo na busca de soluções e conquista de objetivos. Disponibilize seus conhecimentos na prática profissional a fim de torná-la mais qualificada e eficaz. De nada adiantará "saber" se não houver reflexo no cotidiano (saber e não fazer ainda não é saber fazer).

AGORA É COM VOCÊ!

Baseado nas suas respostas ao questionário da página 97, pegue uma folha de papel e escreva um texto com 50 palavras com o título "O meu ponto de vista sobre Liderança".

PARTE 3

ENSINAR

A essa altura, você já sabe que parte importante do dia a dia do líder é ensinar sua equipe a fazer o que dela se espera. Você também já sabe que cada pessoa tem seu estilo próprio de aprender e que, para exercer sua liderança, é preciso conhecer os diferentes modos de absorção do conhecimento. Além de conhecer técnicas para ensinar pessoas mais efetivamente, neste capítulo você verá que o ato de ensinar também está relacionado a fazer com que sua equipe encontre o propósito de trabalhar. Nesse sentido, o líder não é apenas um professor de coisas práticas, mas também um guia profissional e até um mentor para a vida de seus subordinados, para quem é uma referência.

CAPÍTULO 8

A ESSÊNCIA DO ENSINO EXEMPLAR

Na época da faculdade, as melhores aulas do curso normalmente eram ministradas por professores que tinham um conhecimento profundo do assunto e a forma como ensinavam era divertida e prazerosa. Recordo-me que em algumas matérias a sala de aula ficava lotada não só de alunos do curso, mas também de veteranos e convidados que vinham apenas para ouvir as conversas e os "causos" do professor. A aula passava tão depressa que, quando terminava, eu sentia aquela sensação de que o relógio andou mais rápido que de costume e o melhor de tudo: eu tinha aprendido!

Pare um pouco a leitura do texto e escreva o nome de cinco professores de quem você mais gostou na sua vida acadêmica, palestras ou cursos. Em seguida, descreva cinco características de cada um dos professores que o tornaram inesquecível. O que eles têm em comum? Quais características mais aparecem? Daqui a pouco, voltaremos a essas palavras e categorias.

Nas organizações empresariais, esse papel de ensinar, desenvolver e incentivar as pessoas a aprender é, principalmente, uma tarefa do seu líder direto. Na organização onde você trabalha, as pessoas estão sempre aprendendo? O seu líder está sempre ensinando? Lembre-se que a retenção de talentos passa pela qualidade e quantidade de horas de aprendizado e oportunidades para aplicar e praticar.

Quais características dos bons professores podemos usar como referência para facilitar o papel de ensinar dos líderes? O professor e pesquisador Joseph Lowman, da Universidade da Carolina do Norte, no seu livro "Dominando as Técnicas de Ensino", da Editora Atlas, fornece algumas características e comportamentos dos melhores professores da faculdade. Depois de entrevistar vários alunos e identificar os melhores professores da faculdade, Lowman chegou às seguintes características:

Acessível	Amigável	Atencioso	Claro
Criativo	Compreensível	Comprometido	Culto
Comunicativo	Dedicado	Desafiador	Dinâmico
Disponível	Divertido	Eficiente	Encorajador
Engraçado	Estimulante	Entusiasmado	Envolvente
Excelente	Exigente	Justo	Inspirador
Interessado	Motivador	Organizado	Paciente
Preparado	Prestativo	Simpático	Respeitoso

Volte agora às palavras que você escreveu sobre as características dos seus cinco professores. Quais palavras são recorrentes? Existe alguma similaridade com os adjetivos do quadro acima?

Com base nessas palavras da pesquisa, Lowman identificou duas categorias:

1. Estímulo Intelectual: tem como conceitos a clareza na apresentação do professor e seu impacto emocional estimulante sobre os alunos. Clareza está relacionada com o que se apresenta e impacto emocional resulta do modo como é apresentado. Lembre-se: conhecer bem a matéria é bem diferente de ser capaz de apresentá-la com clareza. Apresentar com clareza significa ser objetivo, prático, provocador e, ao mesmo tempo, não complicar o que é simples. "Obrigado pela informação que você não me deu!"
2. Relacionamento Interpessoal: é influenciado pela interação professor-aluno e as oportunidades que são criadas para que esses encontros sejam significativos durante o curso. O interesse interpessoal do professor pelos alunos e sua habilidade em comunicar-se com eles de modo a incentivar a motivação efetiva (autonomia, uso dos pontos fortes e busca de sentido) são os dois destaques dessa categoria.

Como essas categorias podem nos ajudar na atuação mais efetiva dos líderes no processo de ensinar a sua equipe?

Um olhar importante é o quanto é clara a informação e de que forma os líderes estabelecem essa comunicação. Não necessariamente o que o líder falou é o que o liderado entendeu. É oportuno ele pedir para que o membro da equipe repita a orientação ou perguntar qual será a ação do liderado com base nas informações recebidas. A maneira como o líder se expressa pode ser melhorada pelo contato visual mais frequente, da didática (do simples para o complexo) e, principalmente, da sua postura durante a explicação. Outro ponto é o relacionamento com a equipe. Liderança requer um interesse genuíno por pessoas. Se você investe um tempo em conhecer as pessoas do seu grupo de trabalho, com certeza identificará as "moedas de troca" de cada um. Lembre-se: todo mundo quer ter uma recompensa!

Quais são as cinco palavras que melhor descrevem você e seu líder direto no processo de ensino-aprendizagem? Compartilhe com ele esse texto, a sua opinião e analise o que é possível melhorar nas suas atividades.

#DICADUKA

Faça uma lista com os nomes das pessoas da sua equipe. Agora escreva ao lado de cada nome a maior quantidade de informações que você sabe sobre ela nas seguintes áreas de interesse: responsabilidades, tarefas prioritárias, como ela é avaliada, como ela avalia os outros, aspirações na carreira, estilo de trabalho e comunicação, áreas de incerteza, experiências anteriores, valores. Quanto mais informações você souber, maior a sua chance de ser efetivo no ato de ensinar. Vale a máxima já apresentada neste livro e que é importante reforçar: Ensine os outros como eles gostariam de ser ensinados.

INQUIETAÇÕES PROPOSITIVAS

Um dos melhores pensadores brasileiros, o professor e filósofo Mario Sergio Cortella, traz no livro **"Qual é a tua obra?"** uma série de reflexões, pensamentos e perguntas sobre gestão, liderança e ética que vale a pena ler. Um dos capítulos, "Cinco competências essenciais na arte de liderar", é um dos meus favoritos e já usei em diversas aulas, palestras e entrevistas.

1. **Abrir a mente:** *O líder deve ficar atento àquilo que muda e estar sempre disposto a aprender.*
   Na empresa onde você trabalha, as pessoas estão sempre aprendendo? Os líderes da sua empresa estão sempre ensinando? É fundamental que o líder seja um exemplo de eterno aprendiz. A falta de *feedback* e de delegação muda o foco do líder para o resultado a curto prazo e as mudanças externas começam a ficar mais rápidas que as internas. *Filosofando... A mente é igual paraquedas, funciona melhor aberta.*

2. **Elevar a equipe:** *O liderado percebe claramente quando você é capaz de, ao crescer, levá-lo junto.*
   As pessoas permanecem na empresa quando o desafio é estimulante, o líder direto *joga o jogo junto* e a remuneração é compatível com o mercado e as suas habilidades. Se dois desses itens começam a ficar fora da realidade, é um sinal que as coisas começam a sair dos eixos e o perigo para a empresa é a perda do capital intelectual. *Filosofando... Quantas pessoas estavam em janeiro e quantas permanecem na empresa em dezembro?*

3. **Recrear o espírito:** *O oposto do lúdico, da diversão, não é trabalho. É depressão.*
   Divertir-se é saber extravasar e ser alegre e dedicado, como quando estamos seguros do que queremos. O que aprendemos com prazer, a gente não esquece! Pessoas que riem são mais criativas e produtivas. Pessoas que riem juntas conseguem trabalhar por mais tempo próximas. *Filosofando... Qual o IRD (Índice de Risadas por Dia) da sua área ou empresa?*

4. **Inovar a obra:** *Liderar pressupõe a capacidade de se reinventar, de buscar novos métodos e soluções.*
   É quase um atestado de insanidade querer ter novos resultados fazendo as mesmas coisas, mais difícil ainda é questionar o que você faz quando o sucesso é visível. Algumas empresas obrigam-se a inovar e fazem com que os lançamentos de novos produtos representem pelo menos 25% do faturamento do ano. *Filosofando... Com base na última semana, o que você não sabia que não sabia?*

5. Empreender o futuro: *Não nascemos prontos, também não somos inéditos, mas tampouco somos ilhas.*

A visão que o líder tem para o negócio precisa ser compartilhada, os liderados precisam enxergar no futuro a realização também dos seus objetivos pessoais. Esse alinhamento de sonhos precisa ser construído pelo líder, ou seja, é necessário falar com as pessoas e ouvir seus sonhos e anseios para manter o time focado e unido. *Filosofando... Homens são anjos com uma asa só. Para voar, precisam grudar no outro.*

#DICADUKA

Qual a sua frase favorita? Você tem um ditado popular preferido? No seu dia a dia, tente identificar situações em que esse pensamento responde uma dúvida ou provoca uma inquietação: de certa forma, você estará *filosofando*. A minha frase de hoje é: *"Só é possível caminhar em direção à excelência se você souber que não sabe alguma coisa"*.

O APRENDIZADO COMEÇA QUANDO O CURSO TERMINA.

Se você se inscreve para um curso acreditando que ficando na sala de aula durante 8 horas, discutindo e ouvindo pessoas que falam sobre o tema é suficiente para você aprender, é melhor cancelar a matrícula. Se o aprendizado nunca for usado de maneira a MELHORAR A FORMA COMO AS COISAS SÃO FEITAS NA EMPRESA, então é aprendizado-sucata – um desperdício de tempo e recursos. Para mudar comportamentos e obter os resultados, você precisa de estrutura, apoio e prestação de conta.

A área de transferência do aprendizado é uma parte fundamental no processo de aprendizado. É a ponte entre a aprendizagem e a performance que garante que o dinheiro e tempo investidos não virem sucata. A aprendizagem contínua tornou-se um fator essencial para a sobrevivência no mercado. Uma experiência completa de aprendizagem é um processo que inclui tudo o que acontece antes e depois do curso de 8 horas tradicional.

Se você é um líder, professor ou trabalha na área de RH, lhes apresento as 4 fases da aprendizagem:

1. **Preparação –** nesta fase, os participantes têm o primeiro contato com o conteúdo do programa. Além disso, precisam compreender os objetivos do treinamento e sua responsabilidade de aplicar o que será aprendido para melhorar a performance. Um artigo sobre o conteúdo do tema a ser discutido ou um vídeo do TED podem ser exemplos de atividades preparatórias.
2. **Aprendizado –** o curso ou a experiência de aprendizado estruturada deve ser planejada como parte de um processo mais amplo e não como um fim em si mesmo. Durante a aula, valorize a troca de experiências, o estudo de caso e principalmente a oportunidade de experimentar o que está se ensinando com *feedback* pontual.
3. **Transferência –** esta é a fase mais importante do processo de aprendizagem. Para isso, é preciso atribuir responsabilidade e dar apoio à performance. Engajar o líder do participante do treinamento é fundamental, pois, se o "chefe" não auxiliar na aplicação do que foi aprendido, tudo que foi feito antes virará sucata de aprendizado.
4. **Avaliação –** declarar uma meta clara e específica para o programa de aprendizagem é um motivador intrínseco poderoso para a maioria das pessoas. Um "ponto final" dá a sensação de tarefa cumprida e os benefícios de refletir sobre o que foi conquistado e aplicado ficam evidentes.

#DICADUKA

Quando seu liderado for fazer um "treinamento", invista vinte minutos do seu tempo. Antes de ir ao curso, converse com ele sobre o que aprenderá, qual o conteúdo do curso e qual a expectativa dele. Durante o curso, evite entrar em contato com ele... Deixe-o aproveitar ao máximo. Quando ele voltar, convide-o para um café e faça apenas uma pergunta: como eu posso ajudar você a aplicar o que foi aprendido aqui na nossa área?

O PRINCÍPIO DO PROGRESSO

O que faz você acordar toda manhã, algumas vezes antes do sol nascer, e ir trabalhar? O que realmente faz as pessoas felizes, motivadas, produtivas e criativas no trabalho? Essa foi a pergunta central da pesquisa realizada pela professora Teresa Amabile, psicóloga pós-graduada em Stanford e professora da Escola de Negócios de Harvard. O material utilizado para esse estudo foram aproximadamente 12 mil diários de 240 funcionários de sete grandes empresas. O fato de cada participante poder escrever "o que viesse à cabeça", o que estava sentindo (alegria, tristeza, felicidade, raiva) e ter a garantia do anonimato foi fundamental para a autenticidade dos relatos.

Essas confissões trouxeram uma descoberta bem interessante: **É A SENSAÇÃO DE PROGRESSO INDIVIDUAL OBTIDA NO DIA A DIA O PRINCIPAL FATOR DA MOTIVAÇÃO.** Esse progresso está nas pequenas conquistas, quando as pessoas se sentem aprendendo, descobrindo soluções e superando obstáculos. Para isso, é preciso de um ambiente aberto à experimentação e à aprendizagem. A pesquisa mostra que o valor da aprendizagem é mais importante que reconhecimento, dinheiro, ou benefícios para manter a pessoa entusiasmada.

A inovação vem da criatividade e o entusiasmo é matéria-prima para novas ideias, segundo Amabile: "*não se sobrevive em um ambiente competitivo sem renovação constante*". Quando a empresa começa a entender que a aprendizagem não é mais uma ação de alinhamento e correção, e sim uma causadora de mudanças, experimentar e aprender tornam-se ações comuns no dia a dia da organização. Nesse ambiente, o prazer da conquista acontece, contagia e dá resultados. A melhor empresa para se trabalhar é aquela que seja uma escola de aprendizagem permanente, que estimula a troca de papéis.

O líder terá que ajudar, cada vez mais, sua equipe a aprender e a progredir. Nas palavras de Teresa Amabile: "*De todas as coisas que podem impulsionar as emoções, motivação e percepções durante um dia de trabalho, o mais importante é fazer progressos significativos, e quanto mais a pessoa experimenta a sensação de progresso, mais criativa e produtiva ela será em longo prazo. O progresso todos os dias, mesmo uma pequena vitória, faz toda a diferença na forma como se sentem e como trabalham*". O desafio é fazer com que cada um tenha a percepção clara da sua própria evolução.

#DICADUKA

Tenha um indicador de progresso pessoal. Semanalmente, registre seus principais desafios e dedique um tempo para pensar sobre "como vai fazer para solucioná-los". Depois de sete dias, volte às suas anotações e avalie a sua performance. Em que você foi bem-sucedido? Em quais desafios você falhou? Se tivesse o mesmo desafio pela frente, o que você faria diferente? Parece simples e é. Garanto que a sensação de progresso contribuirá para uma sensação de bem viver!

ACELERAR A MATURIDADE

Na juventude, aprendemos; na maturidade, compreendemos. Um fator essencial que impacta no desempenho dos profissionais é a maturidade. Acredito que já tenha ouvido esta frase: "*Somos contratados pelas competências técnicas e demitidos pelas competências comportamentais*". Muitos jovens profissionais, quando são expostos a um grau de decisão mais complexo ou a uma situação de grande pressão, tendem a não saber o que fazer e, pior, acabam comportando-se de maneira infantil ou agressiva. O primeiro sinal de maturidade é descobrir que o botão de volume também vira para a esquerda!

Podemos dizer que a maturidade psicológica equivale ao grau de adaptação de um indivíduo ao seu próprio ambiente e/ou à forma como uma pessoa responde às circunstâncias. Um dos maiores ganhos da maturidade é a perda dos medos juvenis. Os problemas continuam existindo, mas são mais fáceis de serem contornados.

Existe uma curva natural de maturidade desenvolvida ao longo da vida, mas isso não é regra. Independentemente da idade, o desenvolvimento da maturidade está relacionada a três dimensões e seus respectivos indicadores:

1. Consciência de si: estabilidade emocional, autoconsciência, autoconfiança e tolerância ao estresse;
2. Consciência do outro: empatia, habilidades sociais, uso do poder e da autoridade e flexibilidade;
3. Consciência da organização: diplomacia, responsabilidade, abertura à mudança, sabedoria e política.

Diante da escassez de talentos, muitas empresas buscam profissionais mais maduros e experientes, a fim de ganhar e manter vantagem competitiva. Muitas vezes precisamos acelerar a maturidade por meio de um processo monitorado pelo líder direto do profissional, RH e mesmo um *coach*. Inicialmente, é realizada uma avaliação 360° com os respectivos indicadores de maturidade e, a partir daí, são escolhidos os indicadores que serão trabalhados durante o processo de desenvolvimento. São também planejadas ações práticas que colocam o jovem líder a vivenciar e a conhecer seus limites e suas reações. Portanto, a maturidade é alcançada pelo autoconhecimento, por situações práticas de aprendizado e *feedback* constante e informal. Para a empresa, quanto maior for seu nível de maturidade, mais competitiva será. E a sua capacidade de execução ganhará muito com isso.

#DICADUKA

A maturidade tem mais a ver com os tipos de experiência. Você começa a perceber que sua preocupação com os outros é maior do que com si mesmo. *Errar é humano. Tropeçar é comum. Ser capaz de rir de si mesmo é maturidade.*

CAPÍTULO 9

ENSINAR TODO DIA

Quanto maior o seu investimento do seu tempo nas pessoas, mais energizado será o clima da organização e melhores serão seus resultados. A única certeza que um líder tem é que o sucesso da sua gestão será avaliado pela qualidade e quantidade de bons líderes que ele formou. Quando um líder diz que não tem tempo para desenvolver seus liderados é porque isso não é prioridade para ele. Alguns até chegam a dizer que é o RH que deve desenvolver as pessoas da empresa, pois ele não tem tempo, já que está até o pescoço de coisas para fazer.

A pergunta que gosto de fazer é: olhando a sua agenda das últimas 4 semanas, quanto em percentual você gastou por semana para desenvolver seus diretos? Se a resposta for menos que 20%, temos um grande problema pela frente.

Tudo começa pela prática do feedback, que, quando realizado de forma constante, dá ao líder a oportunidade de conhecer melhor seu liderado e o poder de delegar tarefas mais desafiadoras para ele e, assim, ter mais tempo para desenvolver os liderados que mais precisam de seu apoio. Marshall Goldsmith, diretor e fundador da A4SL – *Alliance for Strategic Leadership*, tem um método eficaz e comprovado para sua reunião regular de feedback:

Inicie uma conversa baseada em seis perguntas para discussão. É importante que você também tome a iniciativa de dar a sua opinião para, então, ouvi-lo. Isto faz com que seu liderado não se sinta manipulado.

Estas são as seis perguntas acompanhadas de afirmações:

1. Para onde estamos indo?
   Vou lhe dizer para onde acredito que estamos indo
   Agora você me dirá para onde acredita que estamos indo

2. Para onde você está indo?
   Vou lhe dizer para onde vejo que você está indo
   Agora você me dirá para onde você vê que você está indo

3. O que você está fazendo bem?
   Vou lhe dizer o que percebo que você está fazendo bem
   Agora você me dirá o que está fazendo bem

4. Que sugestão de melhoria você daria a si mesmo?
   Agora lhe direi que sugestões eu tenho para dar
   Você me dirá que sugestões você tem a dar

5. Como posso ajudá-lo?
   Vou lhe dizer o que acredito que posso fazer
   Agora você dirá o que eu posso fazer para ajudá-lo e apoiá-lo

6. Que sugestões você tem para mim?
   Vou lhe dizer o que acredito que preciso fazer
   Agora você me dirá o que acredita que devo fazer

O interessante dessa prática é que ambos aprendem como podem melhorar. Realize-a a cada 60/90 dias e você com certeza observará melhorias contínuas à medida que as pessoas se tornam mais conscientes, confiantes e capazes.

#DICADUKA

Além da regularidade das sessões de *feedback*, você pode investir o seu tempo na realização de alguns comportamentos como: preste atenção aos sentimentos e necessidades das pessoas, e demonstre preocupação; ouça atentamente e articule uma visão autêntica do rumo geral que energize os liderados, ao mesmo tempo que esclarece quais são as suas expectativas; dê ouvidos a conselhos e experiências; seja colaborativo e tome decisões por consenso quando apropriado; e, por último, celebre vitórias e dê risadas, sabendo que se divertir não é perda de tempo e sim uma maneira interessante de construir o seu capital emocional.

PROMOVA INTERAÇÕES COM AS OUTRAS PESSOAS

Sempre que nos relacionamos com alguém no trabalho, na escola ou faculdade, temos uma escolha a fazer: reivindicamos o máximo de retribuição pelo valor que oferecemos ou contribuímos com o máximo de valor sem nos preocuparmos com a retribuição?

Nos últimos 30 anos, em uma série de estudos pioneiros, cientistas sociais descobriram que as pessoas são muito diferentes em suas preferências por reciprocidade – a combinação de quanto desejam tomar para si e quanto desejam doar. Existem dois tipos de pessoas que se situam nos extremos opostos do espectro de reciprocidade no trabalho: os tomadores e doadores.

Os TOMADORES têm uma característica inconfundível: gostam mais de receber que de doar. Fazem com que a reciprocidade não seja efetiva, colocando os interesses próprios à frente das necessidades alheias. Normalmente, eles pensam que "*se eu não cuidar de mim mesmo primeiro, ninguém o fará*". Eles ajudam os outros estratégicamente, de forma que os benefícios para si superem os custos pessoais.

No trabalho, os DOADORES são uma espécie relativamente rara. Também impedem que haja a reciprocidade, preferindo dar mais do que recebem. Eles são mais voltados para os outros, dedicando mais atenção ao que podem oferecer. *Os benefícios para os destinatários superam os custos pessoais, ou seja, ajudam sem esperar nada em troca.* É bom ressaltar que na vida pessoal esse comportamento é mais comum. No casamento e nas amizades, contribuímos sempre que possível, sem fazer cobranças.

No âmbito profissional, pouca gente age puramente como doador ou tomador, adotando, em vez disso, um terceiro estilo: os COMPENSADORES – são os que se empenham em preservar o equilíbrio em dar e receber. Eles operam com base no princípio da equidade: ao ajudar os outros, também se protegem, buscando reciprocidade. Acreditam no princípio do *isto por aquilo*, no *toma lá dá cá* e seus relacionamentos são regidos por trocas uniformes.

DAR, RECEBER E TROCAR são três estilos fundamentais de interação social, mas as linhas entre eles são tênues e voláteis. Os padrões de sucesso baseados nos estilos de reciprocidade são extremamente claros. Se você fosse opinar sobre qual desses tipos costuma alcançar mais sucesso, qual seria a sua resposta – tomadores, doadores ou compensadores?

Profissionalmente, todos os três estilos de reciprocidade geram as próprias vantagens e desvantagens. O que vale a leitura do livro "Dar e Receber" de Adam Grant, Editora Sextante, é que o autor demonstra por relatos e pesquisas que os DOADORES se encontram tanto na base na escala de sucesso como também no topo da escala. Eles se situam nos extremos do contínuo de desempenho, com os melhores e piores resultados e os TOMADORES E COMPENSADORES tendem a se situar no meio do espectro.

Os DOADORES VITORIOSOS invertem o plano mais comum de conquistar o sucesso primeiro e doar depois, sugerindo que quem doa primeiro em geral se posiciona melhor para o sucesso posterior. Quando eles chegam lá, o sucesso se espalha e gera um efeito cascata.

#DICADUKA

Dizia Martin Luther King Jr – ativista pelos direitos civis e ganhador do prêmio Nobel da Paz: "*Todo ser humano precisa decidir se caminhará sob a luz do altruísmo criativo ou na escuridão do egoísmo destrutivo.*

MANTENHA O EQUILÍBRIO EMOCIONAL

Você é um líder socialmente inteligente? Inteligência Emocional é condição *sine qua non* da liderança. Os líderes mais eficazes são semelhantes em um aspecto crucial: todos possuem um alto grau do que passou a ser conhecido como Inteligência Emocional. Quando observamos as competências dos profissionais hoje em dia, podemos dividir em três grupos: HABILIDADES TÉCNICAS, como contabilidade e planejamento de negócios; HABILIDADES COGNITIVAS, como raciocínio analítico; e COMPETÊNCIAS QUE DEMOSTRAM INTELIGÊNCIA EMOCIONAL, como capacidade de trabalhar com os outros e eficácia ao liderar mudança.

Sem dúvida que o intelecto é um propulsor de desempenho, o que acontece é que, quando você passa a ter um time homogêneo em qualidade de conhecimento técnico e cognitivo, será a Inteligência Emocional o fator diferenciador. Em outras palavras, quanto mais alto o cargo de uma pessoa com desempenho excelente, mais a capacidade de Inteligência Emocional aparece como a razão de sua eficiência.

São quatro os componentes da Inteligência Emocional: autoconsciência, autogestão, empatia e habilidades sociais.

AUTOCONSCIÊNCIA significa uma compreensão profunda das próprias emoções, forças, fraquezas, necessidades e impulso. Ela se revela como franqueza e uma capacidade de se autoavaliar realisticamente. É por esse motivo que um bom programa de liderança inicia com autoconhecimento, pois sem saber de si o líder terá muita dificuldade de perceber as diferenças no outro. Para sua reflexão:

1. O que te ajuda a estar consciente de seus sentimentos e por que se sente assim?
2. Por que estar consciente de suas limitações, bem como de suas forças pessoais, facilita a sua atuação como líder?

AUTOGESTÃO é o componente da Inteligência Emocional que nos liberta de sermos prisioneiros de nossos sentimentos. Os impulsos biológicos dirigem as nossas emoções. Não podemos eliminá-los e sim administrá-los. É a nossa conversa interior contínua. Os sinais do autocontrole emocional são fáceis de perceber: uma propensão pela reflexão e ponderação; adaptação à ambiguidade e mudança; e integridade – uma capacidade de dizer não aos impulsos. A motivação é o caminho pelo qual os lideres mobilizam as emoções positivas para buscar e realizar suas metas. Seguem mais três perguntas para sua reflexão:

1. Como você lida com suas emoções negativas – por exemplo, recuperar-se rapidamente quando fica contrariado ou tenso?
2. Qual a sua estratégia para adaptar-se a realidades em mudanças?
3. Como você mantém o foco em seus objetivos principais e nos passos necessários para chegar lá?

EMPATIA é – das quatro dimensões da IE – a mais fácil de ser percebida. Significa levar em conta ponderadamente os sentimentos das pessoas no processo de tomar decisões inteligentes. A empatia é importante como um componente da liderança principalmente por três motivos: o número cada vez maior de equipes (sentir e entender os pontos de vista de todos ao redor da mesa); o ritmo veloz da globalização (compreender as sutilezas da linguagem corporal e a importância das diferenças culturais e étnicas); e a necessidade crescente de reter talentos (conhecer, desenvolver e conservar os melhores na empresa). Uma pergunta para sua reflexão:

1. De que maneiras você consegue perceber os sentimentos das pessoas com quem interage e entender suas formas de ver as coisas?

HABILIDADE SOCIAL é a cordialidade com propósito. Pessoas socialmente hábeis tendem a ter um amplo círculo de conhecidos e têm o dom para chegar a um denominador comum com pessoas de todos os tipos. Acreditam que sozinho não se realiza nada de importante, por isso são exímias em gerir equipes – é a sua empatia em ação. São mestres na persuasão – uma manifestação da autoconsciência, autogestão e empatia combinadas. Veja mais duas perguntas para sua reflexão:

1. Qual a sua estratégia para pedir a colaboração de pessoas sobre as quais você não tem autoridade?
2. Quais as vantagens de trabalhar bem em equipe?

Lembre-se: as competências de inteligência emocional podem e devem ser desenvolvidas e aperfeiçoadas.

#DICADUKA

A prática Inteligência Emocional se torna importante no momento em que a sua emoção for "sequestrada" e você começar a agir por impulso! Busque uma ressignificação, ou, melhor dizendo, procure ver a situação por outro contexto. Com a atitude mental correta, não apenas você muda a forma como se sente em relação a uma experiência, como também altera os resultados objetivos dessa experiência.

ENSINAR BEM É PLANEJAR BEM!

Um dos momentos mais importantes para um bom ensino começa bem antes de o líder entrar na reunião. O planejamento requer alguns blocos que, quando colocados na sequência certa, podem produzir um equilíbrio entre a teoria (profundidade) e a prática (prazer).

O modelo R.O.P.E.S. (*Review, Overview, Presentation, Exercise e Summary*) de design instrucional é um dos meus preferidos por ser fácil de entender e usar. Na sua próxima reunião de desenvolvimento, utilize as sugestões abaixo para aperfeiçoar o uso do tempo e o aprendizado dos liderados.

REVIEW – revisão

Objetivo: realizar uma revisão breve do conhecimento geral e experiência do participante com o tema. O que você pode fazer:

Revisão de lições anteriores ou realização de um questionário;

Vínculo de conteúdo com conhecimento familiar;

Discussão de experiências de participantes relacionadas.

OVERVIEW – visão geral

Objetivo: estabelecer uma conexão entre os participantes e o conteúdo da aula que os envolva e motive para aprender. O que você pode fazer:

Promoção de exercícios introdutórios interativos;

Ênfase em estatísticas, cenários e problemas;

Apresentação de objetivos e cronograma;

Solicitação de metas aos participantes.

PRESENTATION – apresentação do conteúdo

Objetivo: apresentar o conteúdo para os participantes de maneira que os ajudem a reter as informações. O que você pode fazer:

Ordenação de conteúdo em pequenos blocos para fácil aquisição;
Uso de elementos visuais relevantes para ilustrar conteúdo;
Explicação de elementos visuais com dicas, narração e utilização de exemplos;
Fornecimento ou exposição de demonstrações.

EXERCISE – exercício

Objetivo: permitir que os participantes apliquem, discutam ou relacionem o conteúdo de treinamento às suas próprias situações a fim de construir suas habilidades. O que você pode fazer:

Revisão de estudos de caso;
Realização de jogos relacionados;
Realização de exercícios de simulação;
Moderação de troca de ensino entre colegas;
Fornecimento de *feedback* sobre resultados da prática.

SUMMARY – sumário

Objetivo: resumir e elucidar o que foi aprendido. O que você pode fazer:

Participação do sumário interativo de lições aprendidas;
Criação de recursos auxiliares;
Discussão de como novas habilidades serão adaptadas e aplicadas para uso individual do participante (começar a fazer, continuar a fazer e cessar de fazer).

#DICADUKA

Use pelo menos 50% do tempo na etapa *exercise*. Faça da sua reunião uma oportunidade para que os liderados aprendam, pratiquem e tenham feedback sobre a sua performance.

CONSTRUA O SEU PORTFÓLIO COMO LÍDER

Quanto tempo você dedica para o desenvolvimento dos seus liderados? O grande desafio é manter acesa a chama dos liderados e também a sua em querer ensinar & aprender. Quando um profissional passa a dedicar um tempo da sua agenda para colaborar com o crescimento pessoal e profissional dos liderados, já demonstra uma competência fundamental para ser um bom líder: saber ensinar e desenvolver pessoas.

O que você pode fazer para melhorar sua capacidade de ensinar? Veja algumas respostas:

- Seja humilde
- Tenha interesse genuíno pelo liderado
- Esteja aberto e receptivo à troca de ideias
- Demonstre compromisso com a relação
- Fique "ligado" na reunião
- Faça com responsabilidade
- Seja autêntico
- Comece pela pessoa e depois pela carreira

No seu papel como líder, o tempo que você dedica na sua agenda semanal em desenvolver seus liderados diretos é diretamente proporcional ao resultado que eles geram para o seu negócio ou sua área. Investir em tempo na melhoria dos seus liderados não é um retorno de curto prazo; assim como um jardineiro, você precisa ser constante, frequente e paciente. Quando bem cuidados, os frutos são *liderados preparados para a estreia como líder!*

#DICADUKA

Olhe regularmente para o seu "portfólio de líder". Lá estão todas as pessoas que você já liderou. Um bom indicador *para ver se você é um bom líder é avaliar*: Profissionalmente, onde estão os seus ex-liderados hoje? Eles evoluíram profissionalmente após a passagem pelo seu comando? O que os seus ex-liderados fazem hoje? Quantos ligam para você no seu aniversário ou natal?

CAPÍTULO 10

A VIDA COMO ELA É

Nos diferentes programas de liderança dos quais participo, sou sempre questionado sobre algumas das percepções sobre liderança que, quando repetidas muitas vezes, passam a ser vistas como verdadeiras. Se você já é líder ou está prestes a ser promovido a líder, veja os quatro principais mitos sobre liderança:

1. Qualquer um pode se tornar um líder: muitos executivos não possuem autoconhecimento ou autenticidade necessários para exercer a liderança. Contudo, esses requisitos são apenas parte da equação. Para ser um líder, a pessoa precisa querer, e muitos profissionais talentosos não têm interesse em arcar com essa responsabilidade. Há quem prefira dedicar mais tempo à vida particular do que ao trabalho, outras pessoas não gostam de comandar, simplesmente. Afinal, trabalho não é tudo na vida e ser chefe não é tudo no trabalho.
2. Quem chega ao topo é um líder: outra pura ilusão é acreditar que todas as pessoas que ocupam um cargo de liderança são líderes. Existem pessoas que chegam ao topo por causa de perspicácia política e/ou conhecimentos técnicos, mas não pela verdadeira qualificação como líder. Além do mais, os verdadeiros líderes são encontrados por toda a organização. Por definição, líderes são pessoas que possuem seguidores. E cargo não tem muito a ver com isso.

3. Um líder gera bons resultados financeiros: se um balancete saudável fosse questão de boa liderança, seria fácil e simples escolher um líder. Na prática, a realidade não é tão simples. Roubar profissionais de destaque de empresas com excelentes desempenhos tem sido uma estratégia (discutível) bastante utilizada pelas organizações, que nem sempre dá certo. Um bom resultado pode ser fruto de um sistema de gestão eficaz e não de uma boa liderança. Em contrapartida, uma excelente liderança pode não trazer bons resultados em curto prazo.
4. Todo líder é um grande mestre: há uma espécie de indústria informal em torno do conceito de que todo bom líder deve ser um bom mestre, ou *coach*. A tese, no entanto, parte do princípio de que uma única pessoa teria o poder de motivar as tropas e transmitir *know-how* técnico. Naturalmente, é possível que um grande líder seja um ótimo *coach*. Inclusive, existem pessoas com essas características. Mas não é algo tão comum de acontecer.

#DICADUKA

Se você hoje é um líder, tenha clareza se é isso mesmo que você quer. Tenha coragem de expor suas fraquezas e também de valorizar seus pontos fortes e, por último, invista um tempo significativo na sua agenda para conhecer as pessoas que você lidera.

NÃO SEJA O PIOR LÍDER DO MUNDO!

A lista que vou apresentar agora tem a colaboração de um ex-aluno e amigo Paulo Emediato, atualmente professor em Belo Horizonte de Design Thinking e Gestor de Inovação, Marketing e Comunicação.

Ser líder é se expor e assumir responsabilidades. Trata-se de uma posição complexa, cheia de armadilhas que podem resultar em um dos itens abaixo, principalmente se levarmos em conta as diferenças entre as pessoas. É hora de identificar o que pode ser melhorado e traçar um plano objetivo para aprender com os próprios erros.

1. Acreditar que ser um bom "fazedor" faz de você um bom líder

Erro comum nas organizações, sobretudo pela progressão da carreira de técnicos e especialistas. Fato é que ser bom na execução do trabalho é muito diferente de liderar uma equipe. É possível reconhecer as duas habilidades na mesma pessoa, mas nem sempre é o caso. Muitas vezes perde-se um ótimo especialista em troca de um gestor mediano.

2. Confundir "liderar pelo exemplo" com "fazer o trabalho da sua equipe"

Muito comum entre os novos gestores, que não conseguem largar a microgestão das tarefas, pois estão muito acostumados a colocar a mão na massa. Assim, deixam o nível estratégico para executar trabalhos operacionais e acabam enterrados pelo que deveria ser feito pela equipe.

3. Estabelecer um padrão de qualidade alto demais

Elevar o grau de exigência é importante, mas falhar nesse dimensionamento pode ser extremamente desmotivador. É fundamental alinhar expectativas e características para não projetar a mesma cobrança em todos da equipe. Os indivíduos são diferentes e nem sempre respondem da mesma forma quando cobrados. Seu colaborador deve visualizar um caminho tangível e contar com seu apoio para atingir os resultados esperados.

4. Ser o primeiro a chegar, o último a sair, dar o máximo o tempo todo e nunca ter tempo

É preciso conscientizar gerentes que estão sempre trabalhando muito além do horário. Combater o mito do "sempre ocupado" é um grande desafio. Ao contrário do que parece, o gestor que trabalha demais, na verdade, revela problemas. Pode ser dificuldade de delegar e distribuir as tarefas, falha no planejamento ou questões objetivas de produtividade. Um bom chefe precisa respeitar e valorizar seu próprio tempo. Estar sempre atolado e atrasado, mesmo com intermináveis horas de escritório, e-mails durante a madrugada e nos fins de semana, só evidenciam as deficiências de gestão.

5. Não reconhecer erros nem assumir a responsabilidade pela equipe

Quando erramos, impactamos nossa equipe e a organização. Não há nada de errado em reconhecer, pedir desculpas, aprender a lição e seguir em frente, tanto para os líderes, quanto para a equipe. Se você não consegue admitir seus erros junto ao time, como eles se sentirão confortáveis reconhecendo suas próprias falhas para você?

6. Confundir ser querido com ser respeitado

Ser querido é muito mais fácil do que ser um bom gestor. Você pode ser popular e tomar medidas que agradam a maioria, basta deixar a eficiência de lado. Há diversas coisas que te deixarão mais legal, mas nenhuma delas fará com que seja respeitado. Bons gestores sabem quando reforçar a disciplina, cobrar e corrigir, com respeito, construindo reputação e credibilidade.

7. Confundir reforço de disciplina com ser respeitado

É fácil se tornar um tirano. Ameaçar, pressionar, estalar o chicote! Essa parte é moleza. Assim como no item anterior, difícil é saber construir credibilidade junto à sua equipe, sendo compreendido, mesmo em momentos desagradáveis. Gerenciar usando o medo é tão ruim quanto tentar ser o mais legal. Se as pessoas sentem medo de serem transparentes, elas simplesmente não falarão e você será sempre o último a saber.

8. Falhar ao delegar e demonstrar confiança

Se você não consegue delegar, não repassa "o sentido do trabalho" e, sobretudo, não circula as informações, está faltando confiança e fé no seu time. Sua equipe passa a se sentir marginalizada, substituível e perde rapidamente o engajamento no trabalho. As pessoas precisam de mais do que o salário no fim do mês, elas precisam se sentir parte de algo maior. É delegando que se dá a oportunidade de crescimento e "empoderamento" ao time.

9. Competir com a própria equipe

Muitas vezes, gestores deixam sua ambição ou a vaidade atravessar a relação com o time. Se sentem ameaçados, isolam a interface com superiores e fazem questão de deixar a organização mais vertical. Os melhores gestores confiam em sua posição estratégica e no resultado coletivo. Se você inibe o potencial de seus talentos, está perdendo uma oportunidade de crescerem juntos.

10. Não integrar o time

Se você trabalha com um grupo, ele deve funcionar como equipe, e não como um bando. O resultado do trabalho deve superar a soma dos esforços individuais. Muitas vezes, as áreas acabam se isolando demais, o que gera retrabalho e perda de oportunidades importantes de colaboração e sinergia.

11. Atribuir decisões negativas a terceiros

Sabemos que é impossível agradar a todos. O problema é quando o gestor costuma atribuir todas as decisões negativas a terceiros. Não há nada de errado em tomar uma decisão impopular, desde que seja de forma transparente.

12. Trabalhar para a diretoria

Não há nada mais comum nas organizações do que a sensação de "manda quem pode, obedece quem tem juízo". Quantas vezes você fez algo que não entendeu direito, porque a diretoria pediu? A organização não deve atravessar sua própria prioridade e funcionar como uma corte. Nesse sentido, o exercício de blindar a equipe ajuda a manter o foco no que realmente importa, sem dar a sensação de favorecimento. Quem é o cliente, afinal?

13. Eu ganhei, nós empatamos, você perdeu

É muito comum se deparar com a postura reativa quando as coisas não dão certo. Não estamos falando de erros pontuais, mas da atitude em relação ao esforço da equipe. As vitórias e as derrotas são de todos, devem motivar e agregar ainda mais o time. Esse comportamento depende da atitude do líder para dar o exemplo. Caçar culpados nunca resolve algo que já aconteceu.

14. Sempre foi assim...

Líderes que ainda se justificam dessa forma realmente estão em busca de desmotivar seus colaboradores. O discurso de incentivo à inovação e proatividade não pode ficar só nas palavras. Mudar requer um esforço, mas se no primeiro movimento seu time é inibido por frases como essa, pode apostar que eles vão se acomodar.

15. Feedback – positivo e corretivo

Por mais clichê que pareça, as pessoas subestimam o poder do feedback. É fundamental reforçar bons comportamentos e propor novos caminhos diante dos problemas. Se isso não é feito de forma estruturada e organizada, não pode ser levado a sério. As palavras devem se desdobrar em comportamentos coerentes, do contrário, é só *blablablá*...

16. Misturar o pessoal e o profissional

Afinidade, amizade, preferências são inevitáveis entre as pessoas. O problema é quando as relações entre as pessoas passam a influenciar o comportamento do chefe, sua atenção aos membros do time e o nível de intimidade no ambiente de trabalho. Trabalhar com seu grupo de eleitos é bom, mas lembre-se de que é preciso ter gente que discorde, argumente e faça o contraponto às suas posições.

17. Dar-se importância demais

Existem mais de sete bilhões de pessoas no mundo. Lembre-se disso!

18. Excesso de confiança no próprio conhecimento

Renovar os *insights* e não perder a humildade para aprender é fundamental, do contrário, o gestor desenvolve uma falsa confiança naquilo que "já sabe" e acaba tomando decisões erradas. "O grande problema não é o que você não sabe. É o que você tem certeza que sabe, mas não é verdade", Mark Twain. Não se deixe enganar pelo que você "sabe" sobre seu cliente, sobre si mesmo, seu negócio ou o mundo. Atualize constantemente sua visão e desafie suas certezas. (Adaptado do livro Confiança Criativa, de Tom e David Kelley)

19. Valorizar apenas as grandes conquistas

Todo mundo quer fazer a diferença e gerar impacto, mas o foco megalomaníaco inibe a iniciativa, frustra a expectativa e desanima. Pequenas vitórias reduzem o medo e aumentam o senso de realização da equipe. Transforme grandes desafios em pequenos pacotes de entrega. Ataque um de cada vez. Realize grandes transformações um passo de cada vez. Ah! Certifique-se de que seus objetivos se desdobram para o time.

20. Nada que foi citado acima tem a ver só com você

Talvez o maior desafio a ser superado seja o autoengano. É muito importante ter autocrítica e estar aberto para entender o que pode ser diferente em sua gestão. Não deixe o discurso substituir a ação. Muito se fala sobre o que deve ser feito, mas realiza-se cada vez menos.

Aqui não há um compromisso com a verdade absoluta, trata-se de uma reflexão compartilhada. Sua interação é fundamental para concordar, discordar ou completar com sua opinião.

#DICADUKA

Como falamos no início, boa liderança é mais difícil do que parece. Existem diversos caminhos bem-intencionados que nos levam a resultados desastrosos. É claro que, sendo chefe ou colaborador, criticar sem empatia não nos leva a lugar nenhum. Antes de apontar o dedo para julgar seu gestor com base nos fatores listados acima, comece por analisar seus próprios comportamentos.

NOSSAS MENTES SÃO FORMADAS POR NARRATIVAS

Criar uma narrativa consistente que faça sentido e pareça verdadeira a nós mesmos é um desafio em qualquer estágio da vida. Narrativas unem o passado e o futuro ao presente, provendo-nos de estruturas a fim de buscarmos nossos objetivos. Nossas histórias dão um senso de identidade e, mais importante, servem para integrar os sentimentos de nosso cérebro direito com a linguagem de nosso cérebro esquerdo.

Histórias podem inconscientemente nos influenciar a agir de uma forma ou outra e também nos permitem pensar sobre nós mesmos de uma maneira objetiva. A prática de contar histórias permite ganhar alguma distância de nós mesmos e nos dá uma perspectiva.

Estamos preparados para usar histórias. Parte da nossa sobrevivência como espécie dependia de ouvir as histórias de nossos anciães tribais ao partilharem parábolas e transmitirem as experiências e sabedoria daqueles que partiram antes. Quando envelhecemos, é nossa memória de curto prazo que vai embora, não a de longo prazo.

É muito fácil cairmos na armadilha de acreditar que estar certo é mais importante do que permanecer aberto ao que poderia ser. Podemos não estar conscientes das histórias que contamos regularmente nem de seu efeito sobre nós.

Agimos a partir de fantasias, como se elas fossem realidade. Um bom exemplo dessas fantasias que criamos é uma velha e boa "história do macaco". Tudo começa com um motorista que estava em uma estrada deserta quando ouviu seu pneu furar. Na hora, ele ficou tanto aborrecido quanto preocupado, porque sabia que tinha um estepe no porta-malas, mas que o macaco não estava no carro: ele havia retirado na semana passada e se esquecera de recolocá-lo no lugar! Ou seja, tinha um pneu cheio e não tinha um macaco. De repente, lembrou também que havia passado por uma oficina a cerca de 4 quilômetros. Quando começou a caminhar em direção à tal oficina, falou consigo mesmo: "Não há nenhuma outra oficina por aqui. Estou na mão do mecânico. Ele pode realmente me levar todo meu dinheiro da carteira só para me emprestar o macaco. Pode me cobrar o que quiser. Pode cobrar uns R$ 100 reais. Não há nada que eu possa fazer. Droga, ele pode me cobrar até uns R$ 200 reais. As pessoas são terríveis em tirar vantagem umas das outras. Nesse lugar deserto, longe da civilização e a essa hora só devo encontrar pessoas FDP!" Continuou por cerca de 40 minutos caminhando e dizendo essa história a si mesmo até que chegou à oficina. O atendente saiu e perguntou, amigavelmente: "– Posso ajudá-lo?" Nesse momento, o motorista olha para ele com os olhos cheios de raiva e diz: "– Fica com essa droga do macaco e enfia naquele lugar!"

Que histórias contamos a nós mesmos sobre as pessoas? Em que dinâmica nossas histórias nos colocam e como elas determinam os significados que atribuímos às coisas, fatos e pessoas?

É muito fácil cairmos na armadilha de acreditar que estar certo é mais importante do que permanecer aberto ao que poderia ser. O que parece verdadeiro pode não ser de fato a verdade ou bom para nós; pode ser apenas conhecido. E, contrariamente, o que parece falso talvez não o seja; talvez seja apenas novo.

#DICADUKA

Nas suas próximas histórias, aumente a sua tolerância para sentimentos de vulnerabilidade em vez de evitá-los completamente.

GANHE MUITO REDUZINDO PREJUÍZOS

Metade dos problemas da vida decorre de dizer "sim" depressa demais e não dizer "não" cedo o bastante. A vida se divide em sim e não, fácil e difícil, bem e mal. Dizer sim é mais fácil que dizer não. E, por isso, na maior parte das vezes, simplesmente dizemos sim. Esta situação, não tão rara na vida de todos nós, em alguns momentos se torna Shakespeariana: sim ou não, eis a questão. Mas tudo piora se Murphy* chegar, porque a situação pode envolver investimento de tempo, dinheiro, energia.

Quando se decide realizar um projeto, sempre se espera o melhor. Após acreditar que todas as variáveis foram colocadas à luz da análise, se decide arriscar esperando o melhor resultado no tempo determinado. No entanto, variáveis aparecem no meio do trajeto e geram impacto, nem sempre positivo. Decorrido um tempo, ao reanalisar o projeto, se conclui que ele não é mais tão sedutor, restando a dúvida do que fazer.

O risco de se equivocar na conclusão é inversamente menor ao tempo gasto em reunir os fatos e prever fatores que realmente são relevantes para a análise. Limpar os ruídos, isolar as questões, considerar apenas o que é realmente essencial e relevante é o caminho mais seguro. O passado não se altera, o que aconteceu não pode ser revertido. O que se investiu, também não pode ser resgatado. Portanto, a perspectiva que se deve usar é o futuro. Zere o velocímetro e olhe para frente do ponto onde está.

Só há duas hipóteses: continuar investindo, afinal, boa parte do projeto foi realizado, ou cancelar o projeto cessando os custos de todos os tipos. Decidir pela continuidade do projeto requer mais tempo, dinheiro e energia. Logo, é necessário assumir o risco de que todo o investimento pode não retornar, o que seria custo perdido. E continuar pode se tornar uma insistência irracional, que é fruto da absoluta falta de visão dos fatos.

Por outro lado, cancelar o projeto exige que se esteja preparado para assumir o insucesso. Isso é muito difícil, até porque nunca estamos preparados para ter apenas uma experiência. Sempre buscamos o êxito e, por isto, insistimos. Desde pequeno, os aplausos e elogios só vêm quando consegui-

* Autor faz alusão à famosa LEI DE MURPHY, inspirada no engenheiro aeroespacial Edward Aloysius MURPHY.

mos vencer o obstáculo. Se cairmos, não temos aplausos, mesmo que haja quem nos levante. É por esta razão que a criança persiste e tenta de novo. Mas isto não é garantia de sucesso! E, então, corremos o risco de sermos como o motorista que está completamente perdido, mas ainda resiste a parar o carro e pedir ajuda no posto de gasolina.

Então, além de toda análise, a questão se volta para você mesmo e só o seu autoconhecimento pode responder com certeza para o que você está preparado: um custo racional de continuar insistindo ou um custo emocional de assumir um insucesso?

A sugestão é: mantenha a calma, invista sempre no seu autoconhecimento e, se possível, não deixe que Shakespeare e Murphy se encontrem!

#DICADUKA

Algumas vezes, a teimosia e/ou a vergonha de recomeçar pode abalar a sua autoestima e aí você resiste. Antes de recomeçar o projeto do zero, pesquise outras opções, alternativas e escolha com base nos aprendizados do que deu errado. Na hora da mudança, a confiança renasce e você se sentirá pronto e melhor preparado para a nova e conhecida jornada.

ESCOLHA UM MENTOR

Quais são algumas das coisas a serem consideradas quando você está selecionando um Mentor? Recebi essa pergunta de um aluno interessado em trabalhar e se desenvolver com o apoio de um mentor.

O trabalho em parceria com um mentor exige alguns cuidados para que você comece jogando com chance de êxito. Antes de mais nada, é preciso que você entenda que o principal papel de um mentor é auxiliá-lo durante uma jornada, por meio de perguntas, de histórias e exemplos. Mas lembre-se: quem deve trabalhar é você. Selecionei cinco dicas que acredito que facilitam a sua escolha:

Evite os otimistas demais

Esse tipo de mentor está cada vez mais presente no mundo corporativo: um profissional cujo foco é nos manter felizes, na zona de conforto e que para isso faz tudo fluir naturalmente, com o mínimo de esforço. Uma frase comum desse mentor é algo assim: não se preocupe, não tem problema, podemos fazer isso mais tarde.

Procure alguém que o assuste um pouco

Trabalhar com bons mentores costuma ser um pouco desconfortável. Sem dúvida que essa relação envolve respeito, admiração e, algumas vezes, uma secura na garganta. Procure um mentor que o observe de perto, ou seja, que esteja interessado em descobrir quem você é, o que você quer, de onde você vem e principalmente o que o motiva. É importante que ele seja sincero e direto sobre o seu desempenho.

Procure alguém que dê instruções claras e concisas

Evite mentores que fazem longos discursos e falam muito sobre si. Os bons mentores são aqueles que estabelecem conexões e transmitem informações úteis e relevantes.

Procure alguém que adore ensinar o básico

Essa é a minha preferida! Por exemplo, se o objetivo é trabalhar com o desenvolvimento da competência de liderança, foque em feedback, delegação e avaliação de pessoas. Se o líder aprender a fazer isso, já terá 75% do êxito assegurado.

Se houver empate em todas dicas anteriores, escolha a pessoa mais velha

Ensinar é como qualquer outro talento: leva tempo para ser aprimorado. Bons mentores são, antes de qualquer coisa, grandes aprendizes e desenvolvem suas habilidades a cada dia, mês e ano.

#DICADUKA

No primeiro bate papo com o possível mentor, faça um jogo mental. Você e o mentor começam com 100 pontos no placar cada um. Cada vez que ele falar sobre ele, tire 5 pontos e cada vez que ele permitir ou perguntar sobre você, retire 1 ponto. No final da conversa, veja quem ficou com mais pontos. É esperado que sobre pontos para ele!

CONTE A SUA HISTÓRIA SOBRE O ENSINAR...

Por Romeo Deon Busarello (Busa)
Diretor de Marketing e Inovação da Tecnisa e Professor
dos Cursos de MBA e Pós-Graduação da ESPM e INSPER

NEXT PLAY GUYS !!!

Desde a minha infância no interior de Santa Catarina, na minúscula cidade de Rio Dos Cedros, a leitura sempre foi o meu grande vício, do qual nunca mais consegui me separar e que após muitos anos reconheço que foi a principal protagonista de todas as minhas conquistas pessoais, profissionais e acadêmicas.

Hoje, como professor das melhores escolas de negócios do Brasil, eu sinto os esforços recompensados pelos inúmeros finais de semana e noites adentro estudando para ser um profissional e professor transformador.

De fato, os anos nos ensinam coisas que os dias desconhecem. O velho Ziraldo, escritor, já dizia: "Ler é mais importante que estudar". Sim, porque passamos a maior parte da nossa vida estudando para as escolas e não para nós. Estudamos para provas, para trabalhos, para apresentações. As escolas nos ensinam as regras e no dia a dia praticamos as exceções.

Carrego um propósito comigo há anos no qual, no primeiro dia de aula, logo nos primeiros minutos, me comprometo com todos os alunos com a seguinte afirmação: O que cai na sala de aula cai na vida. Se isto não se confirmar ao final do curso, por favor, não hesitem em pedir o dinheiro do semestre de volta! Nunca ao longo de toda a minha carreira um aluno me cobrou no final do curso.

Os alunos de negócios da atual geração ***não querem saber SOBRE, eles querem saber COMO.*** Eles não querem saber de professores profissionais, eles querem profissionais professores que estejam nas trincheiras do mercado dando e tomando "tiros de todos os lados". Em uma guerra, Deus é a favor de quem? De quem atira melhor! Às vezes, me ressinto de não conseguir ler tudo o que eu gostaria, mas, por outro lado, sinto que o mercado me atualiza muito e me deixa mais robusto e sobretudo mais "cascudo" para enfrentar alunos preparados e sobretudo críticos e exigentes.

Vai aí uma *dicaDuka* para quem está emergindo na liderança: o mundo está efêmero e quanto mais efêmero você agir, mais perene você ficará. Tudo que aprendo está sujeito a uma rápida erosão, a mente está líquida, eu mudo de opinião constantemente. Os líderes inteligentes são aqueles que sabem mudar de ideia e os líderes vencedores são aqueles que melhor responderem ao inesperado.

Como professor, tenho que ler no mínimo três vezes mais que a média e, lhe confesso, leio muitos livros ruins. Às vezes, não consigo fazer uma anotação do livro. Aprendi ao longo dos meus quase trinta anos de carreira e quase vinte como professor de Pós-Graduação e MBA que os alunos e liderados aprendem por metáforas. Você, fala, fala, escreve, descreve, publica, etc. e as pessoas não memorizam. Elas gravam e sempre agem na maioria das vezes pelas metáforas. Carlos Drummond de Andrade escreveu, certa vez: "Cem máximas que resumissem a sabedoria universal tornariam dispensáveis os livros".

Recorrentemente, encontro alunos de décadas passadas nos mais diversos locais por onde orbitam homens e mulheres de negócios bem-sucedidos e alguns vêm ao meu encontro. Eles me saúdam e relembram da época que foram meus alunos e sempre citam alguma metáfora que usei em sala de aula. Fico surpreso com o poder e o alcance das metáforas e como elas fixam conhecimento.

O mesmo efeito acontece com os meus liderados: eu os movo por meio de metáforas e os faço compreender os cenários da empresa por meio delas. Na maioria das vezes, são contextos difíceis de serem compreendidos pelas vias normais de diálogo superficial. Para chegar às metáforas certas para cada contexto, há necessidade de muita leitura e capacidade de fazer sinapses e correlações com cenários análogos e ter uma boa rede de relacionamentos para confrontá-las. Outra grande dica para quem deseja ser bem-sucedido no mundo atual dos negócios: o mais importante é o que você sabe vs. quem você conhece. Relacionamento é tudo.

No final de cada ano, você será a mesma pessoa exceto por duas coisas: pelos livros que você leu e pelas pessoas que você conheceu – um bom líder tem uma boa e extensa rede.

Todos os anos visito amigos na Carolina do Norte e sempre que posso vou assistir aos jogos de basquete da *Duke University,* que é comandada há mais de 28 anos pelo técnico Mike Krzyzewski. Durante o jogo, ele fala mais de 100 vezes para os seus liderados: "Next Play Guys!!!, Next Play Guys!!!, Next Play Guys!!!". Chegando às vezes a irritar pela quantidade de vezes que ele repete o bordão. Meus amigos me explicaram que ele é uma lenda na Carolina do Norte e tem vários livros publicados sobre este seu método de liderança.

Na verdade, o que ele quer dizer com esta metáfora é: quando o jogador arremessa de três pontos e acerta a cesta, não fique contemplando, celebrando, comemorando. Next Play Guys!!! Caso contrário adversário pegará rapidamente a bola, vai para cima do seu time e fará três pontos também, anulando rapidamente a sua vantagem. No entanto, se o jogador arremessa dos três pontos e erra a cesta, não fique chorando, lamentando, reclamando, pois o jogador do time adversário vai para cima e tentará fazer os três pontos e aumentar a vantagem. Portanto: Next Play Guys!!! Esta mesma metáfora vale para o dia a dia das lideranças no acerto ou no erro. Eu a uso muito com os meus liderados e comigo mesmo nas minhas alegrias e frustrações como executivo e como professor. Não se iluda com o sucesso, pois ele é tão passageiro quanto o fracasso. Next Play Guys!!!

AGORA É COM VOCÊ!

Uma atividade que você pode fazer diariamente é avaliar o seu progresso.

CHECKLIST DO PROGRESSO DIÁRIO

Quando o dia de trabalho estiver chegando ao fim, use a lista abaixo para avaliar a jornada e planejar seus atos como gerente no dia seguinte. Depois de alguns dias, você conseguirá identificar problemas com uma passada de olhos pelas palavras em negrito. Concentre-se primeiro em progressos e reveses e pense em eventos específicos (catalisadores, nutrimentos, inibidores e toxinas) que possam ter contribuído para eles. Em seguida, considere todo sinal claro da vida interior no trabalho e que outra informação isso dá sobre o progresso e outros eventos. Por último, priorize o que vai fazer. O plano de ação para o dia seguinte é a parte mais importante da avaliação diária: se poder fazer algo para melhor facilitar o progresso, o que seria?

Progressos

Que acontecimento no dia de hoje (um ou dois no máximo) indicou uma pequena vitória ou um possível salto? (descreva rapidamente)

Reveses

Que acontecimento no dia de hoje (um ou dois, no máximo) indicou um pequeno retrocesso ou uma possível crise? (descreva rapidamente)

Catalisadores

- Equipe tinha metas claras de curto e longo prazos para um trabalho relevante?
- Integrantes da equipe tinham autonomia suficiente para resolver problemas e sentir que o projeto é seu?
- Contaram com todos os recursos de que precisavam para avançar de forma eficiente?
- Tiveram tempo suficiente para se concentrar em um trabalho relevante?
- Prestei ou garanti que tivessem ajuda quando necessário ou solicitado? Incentivei membros da equipe a ajudar uns aos outros?
- Discuti as lições dos êxitos e dos problemas do dia de hoje com minha equipe?
- Contribui para que ideias fluissem livremente dentro do grupo?

Inibidores

- Houve alguma confusão quanto a metas de longo ou curto prazos para um trabalho relevante?
- Integrantes da equipe eram muito limitados em sua capacidade de resolver problemas e de sentir que o projeto era seu?
- Não contaram com algum dos recursos de que precisavam para avançar de forma eficiente?
- Não tiveram tempo suficiente para se concentrar em um trabalho relevante?
- Eu ou outros deixaram de ajudar quando necessário ou solicitado?
- "Puni" o erro ou deixei de buscar lições e/ ou oportunidades em problemas e êxitos?
- Eu ou outros interrompemos a apresentação ou o debate de ideias prematuramente?

Nutrimentos

- Mostrei respeito pelos integrantes da equipe, reconhecendo sua contribuição para o progresso, ouvindo suas ideias e tratando todos como profissionais confiáveis?
- Dei Incentivos a membros da equipe que enfrentaram duros desafios?
- Dei apoio a membros da equipe que tiveram algum problema pessoal ou profissional?
- Há um senso de filiação pessoal e profissional e de camaradagem na equipe?

Toxinas

- Tratei com desrespeito algum membro da equipe ao não reconhecer sua contribuição para o progresso, não ouvir suas ideias ou não tratá-lo como um profissional confiável?
- Desencorajei um membro da equipe de alguma forma?
- Fui negligente com algum membro da equipe que tivesse um problema pessoal ou profissional?
- Há tensão ou antagonismo entre membros da equipe ou entre os membros da equipe e eu?

Vida interior no trabalho

Pude ver, no dia de hoje, qualquer indício da qualidade da vida interior no trabalho de meus subordinados? ______________

Percepções do trabalho, equipe, gestão, empresa ______________

Emoções ______________ **Motivação** ______________

Que fatos específicos podem ter afetado a vida interior no trabalho hoje? ______________

Plano de ação

Que medidas posso tomar amanhã para reforçar catalisadores e nutrimentos identificados e suprir os que estão faltando?

Que medidas posso tomar amanhã para começar a eliminar inibidores e toxinas identificados?

O PODER DE PEQUENAS VITÓRIAS. Teresa M. Amabile e Steven J. Kramer

PARTE 4
TRANSFORMAR

CAPÍTULO 11

POR DENTRO DAS INFORMAÇÕES DA PESQUISA

Uma das principais especialistas em liderança e estratégia da atualidade é a inglesa Liz Mellon, professora da Duke CE, o braço de educação corporativa da Universidade Duke, dos Estados Unidos. Em 2011, ela entrevistou 20 presidentes de empresas importantes para entender como líderes pensam. O resultado está no livro *Inside the Mind of the Leader*, ainda inédito no Brasil. Entre as características dos bons líderes que Liz verificou, duas têm muito a ver com a rotina de um gestor novato e com a transformação pela qual ele passa quando deixa de ser um colaborador individual e se torna gerente.

Em primeiro lugar, escreve Liz, líderes andam na corda bamba sem rede de proteção embaixo. Isso significa que o líder é aquele que vai na frente, sem medo. É um exercício de assumir riscos. A segunda característica do líder é se sentir "confortável no desconforto". O mundo está cheio de incertezas e nuances. As respostas nunca são definitivas, as fórmulas prontas nunca funcionam bem. Se você assumiu um cargo de liderança, precisa ficar à vontade no meio da confusão, porque a única garantia que você terá é que as dificuldades aparecerão. É um outro jeito de entender a resiliência, mais focado na facilidade de reagir do que na capacidade de suportar a pressão. E você, fica confortável no desconforto?

Acredito que a maioria das pessoas dirá que não fica confortável. Isso é especialmente verdade para quem está assumindo a liderança pela primeira vez. Há muita novidade em jogo quando a transição do operacional para o gerencial ocorre. Neste capítulo, vamos discutir as principais questões envolvendo a transformação do profissional em líder. Sabendo que as dificuldades são a regra e não a exceção nessa passagem, resolvi investigar quais são as dificuldades e os erros cometidos e, também, identificar aprendizados e dicas que pudessem ajudar a você, leitor, nessa transição. Elaborei uma pesquisa com 151 líderes com tempo de experiência de gestão superior a dois anos. Ela foi composta de quatro perguntas dissertativas divididas em dois blocos.

No primeiro bloco, fiz duas perguntas mais emocionais:

1. Qual foi seu maior desafio quando se tornou líder pela primeira vez?
2. Qual o maior erro que você cometeu quando foi líder pela primeira vez?

No segundo bloco , duas perguntas mais reflexivas:

3. Qual foi o seu principal aprendizado quando liderou pela primeira vez?
4. Qual a sua dicaduka para um líder novato?

Com as respostas em mãos, precisava de uma ferramenta que me ajudasse a descobrir a informação essencial em cada uma delas. Optei pela análise de dados textuais, uma metodologia em forte crescimento no ramo da pesquisa. Usei um software dessa área chamado *Alceste*, que me permitiu realizar a análise de textos automaticamente. Com isso, pude extrair as palavras e frases que aparecem com maior frequência nas respostas sobre liderança fornecidas pelos entrevistados.

Ao observar o resultado, é interessante ver como existe um caminho claro de evolução entre o desafio e o conselho. Os entrevistados voltaram a seus primeiros dias como líderes, recordaram suas aflições e, conforme passavam de pergunta, refaziam seu próprio percurso. Essa é a verdadeira transformação. Muita gente disse que líder não nasce pronto e a pesquisa mostra que essa é a mais pura verdade. Trata-se de um conhecimento que se adquire pelo exercício diário, por tentativa, erro e reflexão. Enquanto estiver lendo as quatro etapas da pesquisa, preste atenção em como os entrevistados vão assumindo o papel de líderes em suas respostas.

1ª pergunta

Qual o seu maior desafio quando você foi líder pela primeira vez?

Quando os líderes brasileiros pensam no principal desafio que enfrentaram quando chegaram a um cargo de gestão, as palavras e expressões que aparecem com maior frequência são as seguintes:

Baixa experiência, pouca idade, liderar pessoas mais velhas, complexidade da função, liderar pares, dar feedback, relacionamento, confiança, humildade.

O resultado expressa o choque dos entrevistados com questões que até então não estavam colocadas para eles. O pessoal fica apavorado: ter autoridade e influência, conquistar a confiança e dar feedback sem ter experiência suficiente para estes e outros desafios que o cargo de liderança exige enfrentar. E ainda, acrescento o desafio central dos novos líderes: mudar o pacote de competências e habilidades necessárias para exercer a nova função.
Veja alguns exemplos de respostas que a pesquisa obteve:

"Assumi a gerência da 2ª maior unidade da empresa e a técnica foi a do "jogue na piscina; se nadar é peixe". Nadei! Vários subordinados eram técnicos mais experientes que eu. Bem intimidador."

"O maior desafio é entender se você pode ou não ser líder. Depende de ser reconhecido e aceito por terceiros."

"Foi um desafio enorme equilibrar e dosar entre um líder bacana, paizão, e um líder mais frio e racional. O meu preferido era o caminho de ser bacana mas nem todo mundo entende isso e acaba abusando. "

"O mais difícil foi ter que, do dia para a noite, passar a gerir pessoas que antes eram meus pares com quem sempre compartilhava pensamentos, e que, a partir daquele momento, precisava mudar a forma de agir, pois precisava engajá-los no trabalho sem perder a confiança e até mesmo a amizade."

2ª pergunta

Qual o maior erro que você cometeu quando foi líder pela primeira vez?

Do que se arrependem os líderes quando lembram de seus primeiros passos nesse papel? Quais são suas lembranças mais amargas? Na hora de avaliar o que deu errado, as falhas também caem sobre as habilidades de relacionamento. As situações que mais aparecem são:

Comunicação ruim, autoconhecimento, ouvir o grupo, ter olhado apenas o lado técnico, falta de direção, baixo comprometimento, não deixar clara a expectativa ao delegar, não ajustar papéis e responsabilidades, ser prepotente.

Neste trecho, os entrevistados admitem a falta de traquejo para liderar, por um lado, e, por outro, demonstram que sabiam o que tinham de fazer, mas não se esforçaram o suficiente ou simplesmente se sentiram incapazes de chefiar em um primeiro momento. Talvez porque tenham cometido um erro comum e fatal entre líderes imaturos: se apegar às competências antigas e menosprezar o aprendizado de novas.

Veja alguns exemplos de respostas.

"Pressupor o que o liderado queria e agir sem perguntar. O líder tem que ter humildade para ouvir sempre. Ser tolo às vezes, mas perguntar até o óbvio. Já fui surpreendida positivamente ao mudar de postura e passar a perguntar mais."

"Dar muito valor ao lado técnico e se esquecer do lado humano."

"De todas as besteiras cometidas, a maioria foi enfrentar a questão emocional em situações de dificuldades/baixas performances de maneira tempestiva e comprometer temporariamente a motivação do time. Saber lidar com as emoções e transformar momentos negativos em positivos são duas das molas chaves."

"Ter sido autoritária e muito objetiva na maneira de conduzir um projeto. Quando me senti mais segura e preparada, eu relaxei e conduzi melhor."

3ª pergunta

Qual foi o seu principal aprendizado quando liderou pela primeira vez?

Que lições tiraram os líderes de sua primeira experiência de gestão? Esse é o momento-chave da transformação de colaborador individual e líder. Nestas respostas, os profissionais apontam o que eles precisaram começar a fazer. Entre as situações frequentes, estão:

Inspirar, elogiar, dizer que não sabe, se realizar a partir do liderado, conhecer as pessoas, se desenvolver, ter um propósito, despertar o potencial dos liderados, aprender com os erros, identificar quando alguém faz melhor do que eu costumava fazer, acreditar em si e nas pessoas, respeito pela individualidade, reconhecer e dar feedback.

Podemos dizer que o aprendizado sobre liderança passa pela prática. Mais do que saber, o novo líder precisa estar disposto a fazer. Ele deve considerar o erro parte essencial da jornada, pois só assim conseguirá acertar no futuro. A liderança é uma série de atividades que precisam ser praticadas: feedback, escuta, diálogo, instrução. Leia alguns depoimentos:

"O meu maior aprendizado foi passar a dar feedback, que considero essencial para esse crescimento. A conversa dava um retorno para o profissional, mas também me mostrava as lacunas que precisavam ser preenchidas por mim como líder."

"Ser líder exige muito esforço pessoal, se quiser inspirar as pessoas e fazer a grandeza delas."

"Deve-se buscar o desenvolvimento como líder desde o primeiro dia. Não podemos usar a falta de experiência como desculpa."

4ª pergunta

Qual a sua dicaDuka para um líder novato?

Quem virou líder vai direto ao ponto: cuide dos relacionamentos, busque o autoconhecimento e invista no aprendizado constante. As palavras-chave das dicas vão nessa linha:

Conhecer cada um – conhecer individualmente, clareza nas responsabilidades, humildade, aberto a novos desafios, relações de confiança, estimular o diálogo, estar disponível, se conhecer (ter consciência de si), ouvir, escutar, atento a todos, ter consciência de que não precisa saber tudo, dinâmica da equipe, ambiente colaborativo, desenvolver os liderados, pensar na sucessão.

Embora tenham consciência de quanto é importante buscar os resultados, fica claro na análise das frases que existe um trabalho anterior, voltado a humanizar as relações. Os líderes colocam os resultados e objetivos como consequência de uma gestão de pessoas bem-feita. É interessante também notar que essa gestão de pessoas não se dá apenas com a equipe, mas também com pares e superiores de outras esferas da empresa.

"Procure ouvir ao máximo seus subordinados, gestores e pessoas de áreas que se relacionam com a sua sobre os escopos, atuações de cada um, expectativas. É importante que contem como trabalham, como acreditam que podem melhorar e o que esperam de você."

"Gaste tempo ouvindo e registrando. Em seguida, compartilhe suas expectativas em relação à equipe, combinados referentes a rotinas de reuniões em grupo e individuais. Deixe claro como você trabalha e o que espera a curto, médio e longo prazo."

"Liderar é sinônimo de criar valor para o próximo."

"NÃO CHEGUE COM MUITA SEDE AO POTE, ISSO PODE ASSUSTAR SEUS NOVOS PARES E CAUSAR RESISTÊNCIA ÀS SUAS IDEIAS. BUSQUE INTEGRAÇÃO COM SUA EQUIPE E PARES PARA PODER DESENVOLVER PROJETOS E ATINGIR OBJETIVOS."

"Humildade. Você sempre aprenderá com quem quer que seja. Se hoje você está no papel de líder de alguém, amanhã você pode ser liderado por esta mesma pessoa."

#DICADUKA

Quem é uma referência para você? Quem são seus mentores? Quem te inspira? Por quê?

CAPÍTULO 12

A TRANSFORMAÇÃO

Erro de cálculo. Essa é a razão do fracasso de muitas pessoas que se tornam gerentes. Muita gente desiste. Outros sofrem um enorme abalo na autoestima. Acredito que a maioria segue em frente, mas poderia ter um desempenho muito melhor se tivesse mais consciência do cenário que encontrará. Um dos maiores problemas é que as pessoas acreditam que, usando as mesmas habilidades que as levaram a receber a promoção, elas terão o mesmo desempenho que tiveram até então, no papel de colaborador operacional.

Isso está longe de ser verdade. Marshall Goldsmith, o coach número um dos presidentes americanos, fala sobre isso no livro Reinventando o Seu Próprio Sucesso. O título original do livro, na minha opinião, é até mais criativo e explicativo: *O Que Te Trouxe Aqui Não Te Levará Lá* (*What Got You Here Won´T Get You There*). Um dos principais argumentos do livro é bem simples: uma pessoa recém-promovida está confiante e convencida de sua capacidade. Se suas atitudes, ideias e comportamentos convenceram a empresa a lhe dar uma oportunidade de gestor, por que mudar? A resposta é simples. As habilidades agora são outras e é preciso aprendê-las.

Como gestor, você obtém resultados por meio das pessoas. É hora de acompanhar o desempenho dos integrantes da equipe; é hora de desenvolver essas pessoas para que elas sejam profissionais melhores; é hora de motivar essas pessoas para que elas trabalhem com afinco; é hora de dar o exemplo. Nenhuma dessas coisas você fazia anteriormente. Para atingir os seus resultados, você precisa se relacionar com pessoas e mantê-las focadas no cumprimento dos objetivos. Os membros da equipe são seus braços e pernas. E muitas vezes são seu cérebro também. As habilidades que você usará para obter resultados como gestor de pessoas são humanas – motivações, sentimentos e percepções são seu novo material de trabalho.

Antes de passar a elas, vou fazer uma ressalva: você não jogará fora todo o conhecimento que acumulou na carreira.

- Ao observar o estilo de trabalhar de cada profissional de sua equipe, você vai comparar com o seu. E poderá ajudá-lo a melhorar.
- A sua experiência na operação pode ser útil para reconhecer os desafios e dificuldades que sua equipe enfrenta.
- Por causa dessa experiência, você saberá avaliar o que é um bom desempenho naquelas funções.

O conhecimento nunca se perde totalmente. As aptidões que você desenvolveu continuarão a ter valor no novo cargo, se usadas de uma maneira diferente. Contudo, a partir de agora, na condição de líder, você terá de aprender a se relacionar.

CAPÍTULO 13

INTELIGÊNCIA EMOCIONAL

Uma das maiores evoluções na ciência da liderança ocorreu na década de 80, quando Howard Gardner, um professor de psicologia da Universidade de Harvard, levantou a ideia de que era preciso incluir na análise da inteligência de uma pessoa suas capacidades de ter autoconhecimento e de desenvolver e sustentar relacionamentos. Nos anos 90, o psicólogo Daniel Goleman empacotou as teorias de Gardner e outros pesquisadores sob o nome de Inteligência Emocional (IE) e se tornou um best-seller. Desde então, tem sido aceito que as habilidades emocionais formam um repertório fundamental para o desempenho de um líder. E elas podem ser desenvolvidas.

Segundo Goleman, a inteligência emocional (IE) compõe-se de cinco componentes, conforme mostra o quadro a seguir:

INTELIGÊNCIA EMOCIONAL	
Habilidade	**Definição**
1. Autoconsciência	Reconhecer as fraquezas e estar disposto a falar sobre elas.
2. Autocontrole	Ter a capacidade de controlar os seus impulsos e de canalizá-los para o bem.
3. Motivação	A fonte de motivação pessoal é um forte desejo de realização e não recompensas externas.
4. Empatia	Ser capaz de se colocar no lugar de outras pessoas no momento de tomar decisões.
5. Habilidade social	Desenvolver relacionamentos harmoniosos, levando as pessoas em volta a cooperar e a seguir na direção que você deseja.

POLÍTICA E RELACIONAMENTOS

Quando estamos diante de uma tarefa totalmente nova, o impulso de nos apegarmos às habilidades que já temos é quase irresistível. Afinal, são as nossas forças, o caminho que já conhecemos. Se cair nessa armadilha, um líder inexperiente vai se tornar um "chefe mão na massa". Tem gente que admira isso, mas essa atitude é o oposto do que um líder deve fazer assim que assume seu novo cargo. A resposta pode assustar alguns, mas aí vai: um líder que acaba de assumir um cargo deve fazer política. Como assim, em vez de trabalhar ele deve gastar tempo com intrigas e fofocas? Não, estou falando do lado bom da política. É preciso criar um mapa da empresa na cabeça, conhecer as pessoas-chave, os interesses e necessidades do máximo de profissionais. Basicamente, ainda antes de assumir, o novo líder precisa aprender as seguintes coisas:

O NEGÓCIO – Mesmo que você já trabalhe na empresa, é necessário entender o mercado, as previsões para o ano, a estratégia atual e a cultura corporativa. Você precisa conversar com seu chefe a respeito disso. E, se possível, com o chefe dele também.

SUPERIORES – Você deve se apresentar e conversar com seus superiores. Seus chefes, os chefes dele, os pares dele. As pessoas querem saber quem estará na função de agora em diante. Não é preciso ter vergonha. Basta marcar um café e se apresentar.

PARES – Você terá pares em seu departamento e fora dele. Alguns deles você já conhece. Outros você precisa conhecer. É importante estabelecer parcerias com esses colegas. Ofereça ajuda logo de cara. É para eles que você pedirá apoio na maioria das vezes que precisar.

EQUIPE – Note que só em quarto lugar veio o relacionamento com a equipe. Ele é, sem dúvida, o mais importante. Mas tendemos a nos concentrar apenas nessa quarta perna. E isso é um erro. Vamos falar mais sobre o relacionamento com a equipe até o final do capítulo.

#DICADUKA

De quem você depende diretamente para cumprir suas tarefas? Quem são as pessoas de outros departamentos que se relacionam diretamente com o seu? Existem fornecedores externos? Você precisa identificar quem são os personagens-chave para que você e sua equipe possam exercer suas funções. E deve desenvolver relações de benefícios mútuos com esses profissionais.

Perguntas

Como você já leu no capítulo Aprender, a pergunta é a ferramenta mais importante do gestor. Se você não pergunta, não pode aprender. Como líder, você deve demonstrar sua intenção de estabelecer diálogos. Para isso, é necessário perguntar. Você deve sempre começar pelo chefe, com o objetivo de alinhar ao máximo as expectativas. Não se acanhe. Entre parecer chato e ficar rendido em uma dúvida, prefira a primeira opção.

Com a equipe, a pergunta é a forma de estabelecer uma relação de troca. O líder é um professor que também aprende com seus alunos. Além de tirar todas as dúvidas que tiver, o gestor tem a responsabilidade de criar um ambiente em que os integrantes do time se sintam confortáveis para perguntar também.

Não fique esperando a informação chegar até você. Na cadeira do gestor, você assume um papel ativo de apurar informações que podem afetar sua área e se antecipar a possíveis problemas. Evite enxergar essa apuração como uma mera fofoca de corredor. Ela precisa e deve ser feita para que a informação flua pelos bastidores da empresa. O errado é manipular, criticar veladamente e mentir. De resto, vá atrás das informações constantemente. Tempo é um recurso escasso e valioso nos negócios. Quem trabalha com antecedência consegue reagir melhor aos problemas que sempre surgem.

Relação com o chefe

Há uma pergunta simples que muito gestor se esquece de fazer a seu chefe no momento da promoção: "por que você me escolheu?" Parece ser trivial, mas há quem negligencie esse questionamento. Sem um ponto de partida, como você pode negociar seus objetivos? Como vai avaliar seu desempenho? Você precisa saber *tim tim* por *tim tim* o que seu chefe espera de você. A relação de um novo líder com seu chefe imediato é fundamental. Ela deve ser aberta e próxima. Já há muita coisa inédita acontecendo para se isolar. Em um início de trabalho, o gestor deve combinar duas coisas fundamentais: uma frequência de encontros para falar de desempenho e uma maneira de receber feedback. Pode ser algo mais formal ou mais informal. Mas as duas partes precisam ter certeza de que existe um canal aberto para esse tipo de informação fluir.

Como cultivar relacionamentos

Para construir e cultivar uma rede de relacionamentos interna na empresa, adote este passo a passo:

A. Identifique as alianças

Pergunte a si mesmo:

- Devo buscar a cooperação de quem?
- Preciso estar em harmonia com quem?
- Quem pode me atrapalhar na realização do meu trabalho?

B. Desenhe um mapa da rede

Crie um gráfico, um diagrama, algum tipo de ilustração da rede de pessoas de sua empresa com quem você se relaciona. Tente juntar o máximo de pessoas.

Use duas canetas. Em uma cor, coloque as dependências mais importantes. Com outra, as secundárias. Por exemplo, você pode depender não apenas do seu superior hierárquico imediato, mas também do chefe dele.

Vá falar com essas pessoas. Descubra como pode ser importante para elas, como sua área pode ajudar, o que ela precisa para cumprir bem as tarefas. Se você já era da empresa antes de ser promovido, dê uma trégua. Em vez de ouvir a rádio corredor, tire conclusões a respeito da pessoa por conta própria.

Avalie a qualidade do seu relacionamento com cada pessoa do seu mapa de dependências. Se verificar fragilidades, invista para aumentar o nível de confiança. Ela acredita na sua competência? Você acredita na dela? As respostas vão esclarecer quais relacionamentos são mais fortes e quais precisam ser trabalhados.

Como desenvolver relacionamentos

- Faça conversas casuais no corredor
- Convide para almoçar
- Peça conselho a respeito de alguma coisa
- Demonstre interesse no trabalho da pessoa

#DICADUKA

A melhor ocasião para construir esses relacionamentos é antes que você precise deles. Desse modo, essas conexões já estarão estabelecidas quando você precisar fazer um pedido.

RELAÇÃO COM A EQUIPE

Uma vez alinhadas as expectativas e contratados os objetivos com o chefe, e depois de um bom mapeamento do ambiente corporativo, está na hora de cuidar da equipe. Nada substituirá a relação diária para aprofundar o conhecimento dos componentes do time. Mas isso não significa que o líder não deva tomar algumas medidas iniciais.

Defina um ponto de vista

O líder é o responsável por transmitir a estratégia da empresa. Isso não significa repassar automaticamente o *power point* que você viu na convenção de gestores. A tarefa primordial do líder que ensina é inspirar. Pense nos melhores professores que você teve na vida. Por que eles eram tão carismáticos? O que eles faziam para tornar a disciplina interessante? Traduzir, esclarecer e motivar são tarefas que acontecem ao mesmo tempo.

O americano Noel Tichy, um respeitado autor de livros de gestão e ex-professor da *Ross School of Business, da Universidade de Michigan*, escreve que o primeiro requisito que um líder deve ter é um "ponto de vista ensinável". Isso significa pensar em como você vai orientar sua equipe. Seus liderados vão tomá-lo como exemplo de comportamento inevitavelmente. Ciente disso, seus valores devem transparecer nas suas atitudes. E suas atitudes devem claramente explicitar os objetivos de sua área e da empresa. Ou seja, pratique os comportamentos que gostaria de ver nas pessoas que fazem parte de sua equipe.

Para liderar, você também precisará manter a motivação da equipe. Sabemos que as pessoas têm, basicamente, dois tipos de motivação: a extrínseca e a intrínseca. As primeiras são as motivações de fora para dentro: salário, bônus, premiações e recursos materiais. As motivações intrínsecas envolvem as aspirações profissionais – e humanas – mais profundas. São elas o desejo por autonomia, a satisfação de dominar bem uma área de conhecimento e a sensação de ter propósito na atividade que se desempenha.

Como líder, você terá que trabalhar com ambos os tipos de motivação. Mas, enquanto no primeiro tipo você estará sujeito à disponibilidade de recursos e aos resultados da empresa, no segundo as coisas dependem só de você. É preciso conhecer bem, seus funcionários, a ponto de saber quais ações motivarão cada um. Há pessoas que querem liberdade para trabalhar. Para outras, você precisará construir uma visão grandiosa do trabalho para que elas enxerguem propósito.

Esse ponto de vista ensinável ajudará também a equipe a desenvolver discernimento. Ao ouvir seu discurso e acompanhar suas ações, sua equipe constituirá uma visão do que é certo e do que é errado. Se você for capaz de transmitir os valores corretos – seus e da empresa – e se for capaz de vender uma estratégia de forma clara e precisa, sua equipe conseguirá tomar decisões adequadas sobre o trabalho.

Desenvolvendo a empatia

Cada integrante do time é único. Em cada mente de funcionário existe uma confusão de desejos, emoções e percepções a respeito da empresa, do trabalho dele e do gestor (no caso, você). A prática da escuta, que já discutimos no capítulo Aprender, será fundamental para você conseguir cumprir a missão colocada no item anterior: tentar decifrar as expectativas e sentimentos dos liderados. A ferramenta para fazer isso é a empatia – a capacidade de se colocar no lugar do outro. Trata-se de uma qualidade que todo líder precisa desenvolver para gerenciar adequadamente sua equipe.

A professora americana Brené Brown, autora do livro *A Coragem de Ser Imperfeito,* enumera as quatro características da empatia:

1. **Ver o mundo com os olhos do outro –** Tentar entender o que uma pessoa está sentindo ou pensando.
2. **Reconhecer a perspectiva do outro como verdadeira –** Abrir mão ao menos momentaneamente de suas crenças e opiniões e aceitar a do outro.
3. **Não julgar –** Pular rapidamente para uma conclusão é uma maneira de nos livrarmos da experiência de sentir a dor que a outra pessoa sente. Devemos manter a cabeça livre de preconceitos.
4. **Comunicar que entende os sentimentos da outra pessoa –** Não significa tentar consolar ou oferecer uma solução rápida para o problema. Apenas manifestar sua disposição em ajudar.

#DICADUKA

Em que você gosta de ajudar outras pessoas? De que forma você normalmente mais ajuda os outros?

Humildade e diálogo

Já falamos que o líder é alguém que está sempre aprendendo. Essa condição permite ao gestor admitir sua ignorância em algum assunto e simplesmente dizer "não sei". No mundo das empresas, ninguém entende de tudo, mas os bons estão sempre dispostos a buscar o conhecimento que lhes falta. Isso se chama humildade, outra característica essencial do líder. Ser humilde não significa ser fraco, mas despido de vaidade. O guru Jim Collins escreve que um grande líder deve ser ambicioso pela causa da empresa e não a sua própria. Essa capacidade de colocar o trabalho em primeiro lugar é o verdadeiro exercício da humildade.

Admitir pontos fracos diante da equipe também significa transmitir confiança. Ao abrir suas vulnerabilidades, o líder se torna mais humano e autêntico aos olhos do liderado, que se sentirá confiante para "se abrir". A humildade reforça o vínculo entre os membros da equipe e ajuda o líder a informar a todos que o importante é o cumprimento dos objetivos.

CAPÍTULO 14

INFLUÊNCIA x PODER

Aos olhos de ocupantes de um cargo operacional, o gerente é uma figura especial. Trata-se de alguém que conquistou um lugar importante, tornando-se uma autoridade reconhecida em determinado assunto. Com esse poder em mãos, o gerente pode mandar, comandar e desmandar, certo? Mais ou menos.

O líder tem poder, mas não da forma como um profissional que nunca liderou imagina. Vamos admitir que gerentes têm algum grau de *autonomia* para controlar o orçamento e a contratação de pessoas e a organização de sua área. Ele chegou ao cargo pelo conhecimento e pelas habilidades que detém – isso faz dele uma *autoridade*. Líderes também passam a ser admirados na organização. Sua promoção é vista como uma demonstração de mérito e justiça. Isso confere *status* ao gestor. O líder também conquista *acesso* a regalias como bônus, benefícios melhores, às vezes um carro e oportunidades de treinamento mais consistentes. Ele também estende esse acesso às informações mais importantes. Tudo isso significa mais poder. Só que isso não é suficiente.

Para exercer o poder que adquiriu, o líder precisará desenvolver mais uma habilidade: a influência. Sem ela, o gestor não passará de um perfil autoritário. Como gerente, você tem de usar as ferramentas do poder – *autonomia, autoridade, status e acesso* – para influenciar outras pessoas. Vamos esclarecer os dois conceitos:

PODER – É o potencial de um indivíduo ou grupo para influenciar outro indivíduo ou grupo.
INFLUÊNCIA – É o exercício do poder para mudar o comportamento, as atitudes e os valores de um indivíduo ou grupo.

Como gerente, a quantidade de poder e de influência de um líder emana de duas fontes:
A posição na hierarquia. Cargo e importância estratégica são fontes de poder. Quanto mais alto na pirâmide corporativa, quanto maior for o orçamento que você controla, quanto maior for o faturamento da área, quanto maior o número de pessoas que você gerencia, mais poder você terá.
Características pessoais. Um líder também pode ganhar poder com o seu conhecimento do negócio, relacionamento com clientes, conquistas, histórias de esforço e superação, gentileza, confiabilidade e carisma. Quando o gestor adquire uma personalidade positiva, as pessoas ficam mais propensas a serem lideradas por ele. Tudo é uma questão de credibilidade construída no dia a dia. Se você conquista recursos para a sua área e se você conversa e acompanha o desempenho da equipe, as pessoas tendem a reconhecer sua autoridade.

É importante entender que o jogo do poder e da influência sempre tem mão dupla: o líder oferece recursos, apoio, informações, reconhecimento e recompensas e as pessoas da equipe correspondem com esforço e dedicação no cumprimento dos resultados. Trata-se de uma troca combinada, que não pode falhar.

Entre a posição na hierarquia e as características pessoais, são estas últimas que determinam o proveito que você tira do cargo e a eficácia com a qual o exerce. Como fazer isso? Cultivando relacionamentos por todo o ambiente da empresa. Como já vimos neste capítulo, a troca mútua de contribuições com pares e subordinados fortalece a posição do líder.

CONTROLE

Uma dificuldade de líderes jovens se relaciona com o domínio da situação. Quando os resultados deixam de depender do próprio esforço e passam a ser obtidos por meio de um time, o gestor sente uma perda de controle. Existe um ajuste a ser feito entre comando e delegação que só a prática pode oferecer. Um gerente muito controlador vai frustrar a equipe. Ao mesmo tempo, afrouxar demais o acompanhamento deixará o líder cego em relação à distância para o cumprimento dos objetivos.

Enquanto não conseguir obter esse ajuste, o líder poderá passar por algumas sensações de descontrole.

- Constrangimento de cobrar resultados e dar ordens;
- Insegurança quanto à aptidão para a função;
- Ansiedade por ter de liderar pessoas;
- Frustração por não obter o melhor desempenho de um subordinado;
- Irritação por ter de fazer política constantemente;
- Impaciência com o cumprimento dos objetivos;

Na verdade, esses sentimentos são recorrentes mesmo entre gestores experientes. Talvez os mais velhos não aparentem ou tenham aprendido a controlar melhor essas emoções, mas elas não deixam de ocorrer. Aqui, novamente, o líder deve recorrer à resiliência: aceitar a frustração momentânea e, depois, retomar o vigor. Lembre-se: apesar dos sentimentos negativos, os verdadeiros líderes sentem-se confortáveis no desconforto.

RESPONSABILIDADE

Assumir uma posição de autoridade e responsabilidade pode ser angustiante para novatos. Há três aspectos do exercício de poder que merecem uma análise.

GERENCIAR RISCOS – Quanto maior a responsabilidade, maior o risco. Gerentes têm de tomar decisões mais importantes sob condições desfavoráveis. Isso requer confiança e determinação para escolher um caminho. Ao mesmo tempo, é preciso manter a disposição de aprender com erros, em caso de arriscar e fracassar.

DAR O EXEMPLO – Uma consequência inevitável da liderança é servir de modelo para um grupo de pessoas. Trata-se de um fardo, que precisa ser reconhecido como tal. Um líder é alguém que precisa gerenciar suas emoções, mantendo o grupo unido e perseverante. Em alguns momentos, isso significará funcionar como um escudo contra a pressão, o clima ruim e a incerteza que vêm de fora.

INFLUENCIAR A VIDA DE OUTRAS PESSOAS – Um líder é alguém que toma decisões cujas consequências ultrapassam o campo profissional. Demitir um funcionário ou exigir demais de uma pessoa incapaz de obter o resultado são ações que têm efeitos devastadores na vida íntima de um funcionário. O líder tem a obrigação de medir esses impactos. Antes de mais nada, ele exerce sua função de mestre: se o funcionário tem mal desempenho, cabe ao líder reconduzi-lo para o caminho da produtividade. O líder tem ainda a árdua função de reconhecer sua própria parcela de culpa no desempenho de um funcionário.

#DICADUKA

O que você faria se soubesse que não existe a possibilidade de falha?

CAPÍTULO 15

SEU DESEMPENHO

Neste capítulo, já escrevi sobre a importância de fazer uma combinação inicial com o chefe a respeito de seus objetivos. Você precisa ter clareza de onde pretende chegar. Muitas empresas colocam esse alinhamento de objetivos na própria avaliação formal de desempenho. Se isso não ocorre no lugar onde você trabalha, procure fazer um contrato por conta própria entre você e seu gestor. Coloque mesmo no papel, por escrito, pois se trata de uma conversa que precisará ser repetida ao longo do ano, nos momentos de feedback, e é bom que esteja documentada. Se no capítulo Liderar discutimos como avaliar pessoas, aqui vamos falar sobre como avaliar a si mesmo.

Como experiência nova, o cargo de liderança pressupõe o exercício de uma série de habilidades, ações e situações inéditas na vida de um profissional. Para um gestor jovem, isso significa que, ao medir seu desempenho na função, você lidará com o fantasma da dúvida: se você nunca fez, como saber se está indo bem? Por isso, é importante acompanhar minuciosamente sua conduta. Como fazer isso? Registrando seu desempenho.

Vamos supor que seu chefe disse para você delegar mais tarefas e deixar de centralizar os trabalhos. Ao longo do ano, observe e anote, deliberadamente, o que ocorreu em cada atribuição de tarefa: delegou ou centralizou? Em alguma situação você tomou de volta um trabalho que estava nas mãos de um subordinado? Anote se tiver feito isso. Confira se, com o passar do tempo, esse comportamento se tornou mais ou menos frequente. Mas é preciso ser honesto e organizado. O objetivo é melhorar de fato o comportamento e não demonstrar que melhorou.

COMO AVALIAR O SEU DESEMPENHO

Estimule o *feedback* – Deixe que seus pares, chefes e subordinados saibam que você quer ouvir deles impressões quanto ao seu desempenho como gerente.

Identifique o resultado de seus atos – Na hora de pedir feedback, não pergunte apenas *o quê* você fez, mas *como* você fez. O grande objetivo aqui é esclarecer relações de causa e efeito e formar o elo entre as suas intenções e o seu verdadeiro impacto no trabalho dos outros.

Observe os seus pares – Você aprende mais com eles do que com qualquer outro. Entre os gerentes à sua volta, qual lida melhor com a equipe? Quais são os atributos e habilidades que o torna um líder eficaz?

Imite sem receio – Ao observar colegas e outros líderes de sua organização, não tenha vergonha de mimetizar as características positivas.

Não aceite pouco *feedback* – Esteja sempre disposto a pedir ajuda. Encontre alguém que possa dar boas respostas acerca de seu comportamento.

CONTE A SUA HISTÓRIA SOBRE O TRANSFORMAR...

Por Ricardo Farah

Coach, fascinado pelo potencial de desenvolvimento do ser humano

O propósito de um líder

Adoro as metáforas porque elas nos levam ao campo do imaginário, nos fazem refletir e muitas vezes iluminam lugares escuros de nossa inconsciência trazendo muitos conteúdos à luz ou à consciência. Desejo começar a falar sobre o propósito de um líder usando uma metáfora, também conhecida como a história de Jonas e a Baleia.

Jean Yves Leloup, em seu livro *Caminhos da Realização,* Ed. Vozes, analisa como a história de Jonas e a baleia, contada no Antigo Testamento da Bíblia, pode nos ensinar sobre os medos e resistências com os quais nos deparamos na busca de nossa vocação ou propósito.

Deus ordena a Jonas que vá para a cidade de Nínive pregar a Sua palavra. Jonas, no entanto, o desobedece e toma um barco para Társis, cidade de veraneio. Sobrevém uma forte tempestade. Os marinheiros jogam ao mar toda a carga do barco para evitar que ele naufrague. No entanto, o mar continua incrivelmente agitado e o perigo de um naufrágio permanece iminente. O capitão decide então procurar Jonas, que havia descido para o porão, e, ao encontrá-lo deitado, dormindo um sono profundo, lhe diz: "Como podes dormir tão profundamente? Como podes dormir no meio deste desespero que nos faz sucumbir? Levanta-te, desperta, invoca teu Deus. Talvez este teu Deus possa nos ouvir, talvez, com este teu Deus, não pereçamos". Enquanto isso, ao jogarem dados, os marinheiros preocupados identificam Jonas como o causador daquela perturbação. Ele por fim confessa ter desobedecido a Deus, e pede que lhe joguem ao mar. A tempestade então cessa. Ao ser lançado ao mar, Jonas é engolido por uma baleia dentro da qual passa três dias até se arrepender e pedir a Deus que lhe dê uma segunda chance. Assim, ele é expelido da baleia e finalmente segue para Nínive.

"Portanto, Jonas, em um primeiro momento, é o *arquétipo do homem deitado,* adormecido, do homem que não quer se levantar e não quer cumprir missão alguma. É o *arquétipo do homem que foge*, que foge da sua identidade, que foge da sua palavra interior, que foge desta presença do Self no interior do Eu. Esta fuga de sua voz interior provocará um certo número de problemas no exterior dele mesmo". Aquele que se recusa a conhecer a si mesmo e não segue os seus desejos mais profundos (propósito) acarreta problemas para o meio em que vive e para si mesmo.

Em um segundo momento na história, quando Jonas dentro da baleia decide retomar seu caminho, ele não teme mais nada. Este mergulho, este encontro com sua verdade, é libertador.

Como descreve Jean Yves Leloup: " Há momentos em nossa vida em que não podemos mais fugir. Não temos mais saída. É preciso encarar as nossas responsabilidades e não responsabilizar os outros pelas consequências dos nossos atos. Nesse momento, é preciso olhar de frente o nosso medo e mergulhar no mar, enfrentar o inconsciente e o monstro que ele contém. Este é o combate do herói. Ele deve encarar os seus medos".

Utilizei-me da história para nos levar à reflexão de que muitas vezes sentimos o "chamado" de nosso propósito, mas temos medos que nos sabotam e nos impedem de realizarmos integralmente todos os nossos papéis, toda a nossa vocação. Líderes não são super-homens. São simplesmente humanos e devem aprender a enfrentar todos os seus medos para poderem realizar seu propósito.

Assim, o primeiro passo para poder liderar outros é poder ser líder de si mesmo, o que requer um mergulho em um processo de autoconhecimento, um encontro corajoso consigo mesmo, com seus pontos fortes e suas fraquezas, ou, em outros termos, com sua luz e sua sombra aceitando-as integralmente e crescendo, aprendendo com elas.

O propósito nunca será encontrado fora de nós; ele está dentro de nós, algumas vezes, adormecido, escondido dentro de nosso coração, esperando pelo chamado da nossa consciência.

O que gostaríamos de nos tornar? – O que nós poderíamos criar para que nossas vidas e as vidas das pessoas e da empresa a que servimos sejam melhores?

Trata-se de perceber o que está emergindo e ser corajoso o suficiente para dar nome ao nosso propósito de vida.

A soma de nossos valores essenciais, mais nossos pontos fortes, mais nosso conhecimento ou áreas de domínio (saberes), trazidos conscientemente ao que fazemos serviço ou trabalho – e oferecidos ao outro, à equipe, à empresa, à sociedade e ao planeta, constituem nosso propósito de vida.

Assim, Aprender + Liderar + Ensinar + Transformar, para mim, não são distintos do propósito maior de um líder, são, juntos, um caminho para a liderança e para a realização da vocação.

O Aprender requer uma chama interior (curiosidade) que nunca se extingue, pois o verdadeiro líder é um eterno aprendiz cuja companheira fiel é a humildade de saber que não sabe tudo e deve manter sempre a mente aberta ao aprendizado.

O Liderar exige, além da criação de uma visão comum e seu direcionamento para atingi-la, um ato de coragem, de despojamento, de reconhecimento de que a conquista de resultados e metas é produto do esforço comum de sua equipe.

O Ensinar acolhe o outro em toda a sua integridade e é um gesto de altruísmo, que é o de compartilhar a própria consciência e aprendizado com o foco maior de ressignificar o trabalho para que seus liderados tenham seus próprios propósitos e, assim, também prepará-los como futuros líderes.

Finalmente, quero registrar o quanto me sinto honrado em poder falar de uma das mais fortes qualidades do líder, que é a de ensinar pelo exemplo e coerência; qualidade essa que reconheço e testemunhei inúmeras vezes na carreira e na vida de Paulo Vieira de Campos, autor deste livro e que, tenho certeza, ajudará no nascimento de muitos outros líderes.

AGORA É COM VOCÊ!

Apresento aqui um exercício que gosto muito de fazer em sala de aula e que aprendi em um artigo da HBR "Do propósito ao impacto", dos autores NICK CRAIG, presidente do *Authentic Leadership Institute*, e do professor SCOTT SNOOK, da *Harvard Business School*.

A transformação do líder e liderado acontece com melhor propriedade quando há clareza de um propósito. Pensar na resposta para a pergunta "qual é o seu propósito?" é imprescindível para navegar no mundo cada vez mais VUCA (Volátil, Incerto, Complexo e Ambíguo). Poucos são os líderes que têm um forte senso de propósito de liderança ou um plano claro para traduzi-lo em ação. O primeiro passo para descobrir seu propósito é examinar sua vida em busca de grandes temas que revelem suas paixões e virtudes; em seguida, é criar uma declaração de propósito que o deixe encorajado e energizado.

Veja abaixo alguns exemplos de boas e más declarações de propósito:

DECLARAÇÕES DE PROPÓSITO

DAS RUINS...	ÀS BOAS
Liderar o departamento de novos mercados para alcançar resultados excepcionais de negócios	Eliminar o "caos"
Ser um líder que permita que cada pessoa na empresa de infraestrutura alcance os resultados necessários e ao mesmo tempo formar os novos líderes de nosso negócio enquanto equilibro as exigências de minha família e do trabalho.	Trazer água e energia aos dois bilhões de pessoas que não as têm
Promover e facilitar de forma contínua e consistente o crescimento e o desenvolvimento de mim mesmo e dos outros, levando a um excelente desempenho	Com tenacidade, criar brilho

Em seguida, desenvolva um plano de propósito com impacto. Seguem algumas sugestões para a construção deste plano:

PLANEJAMENTO DO PROPÓSITO COM IMPACTO	PLANEJAMENTO TRADICIONAL DE DESENVOLVIMENTO
Usa linguagem significativa e imbuída de propósito	Usa linguagem-padrão de negócios
É focado nos pontos fortes para realizar aspirações profissionais	É focado nos pontos fracos e visa a melhorar o desempenho
Suscita uma declaração de propósito de liderança que explique como você vai liderar	Fixa uma meta de negócios ou carreira
Define metas incrementais em consonância com seu propósito de liderança	Mede o sucesso usando métricas vinculadas à missão e às metas da empresa
Concentra-se no futuro, trabalhando retroativamente a partir dele	Concentra-se no presente, trabalhando daqui para a frente
É exclusivo para você, abordando quem você é como líder	É genérico, abordando o trabalho ou o cargo
Tem uma visão holística do trabalho e da família	Ignora objetivos e responsabilidades fora do escritório

Agora, vamos examinar um "plano hipotético de propósito" com impacto para ter uma visão aprofundada do processo:

Richard só chegou em seu propósito depois de ser estimulado a falar de sua paixão por velejar. De repente, descobriu um conjunto de experiências e linguagem que poderia redefinir como via seu trabalho em um departamento de aquisições.

O plano de desenvolvimento de *Richard* começa com a DECLARAÇÃO DE PROPÓSITO que ele redigiu: "Aproveitar todos os elementos PARA GANHAR a corrida". Depois, vem UMA EXPLICAÇÃO para a escolha desse propósito: os estudos mostram que compreender o que nos motiva aumenta amplamente nossa capacidade de atingir grandes metas.

Depois, *Richard* define suas METAS DE TRÊS A CINCO ANOS usando a linguagem de sua declaração de propósito. Descobrimos que esse é um bom prazo para COMEÇAR: "vários anos" significa tempo suficiente para que até os executivos mais desiludidos possam imaginar que até lá estarão vivendo de acordo com seu propósito. E não é um prazo tão distante a ponto de criar acomodamento. Um objetivo pode ser o de obter um trabalho superior — no caso de *Richard*, um cargo em que ele seja responsável por aquisições globais. Mas o foco deve ser em como você vai conseguir isso e que tipo de líder você será.

Depois, ele considera as METAS DE DOIS ANOS. Este é um período em que o grande futuro e a realidade atual começam a se fundir. Que responsabilidades novas você assumirá? O que você precisa fazer para se preparar para o longo prazo? Lembre-se de abordar também sua vida pessoal, porque você deve viver mais de acordo com seu propósito em toda parte. As metas de *Richard* citam explicitamente sua família, ou "equipe de terra".

O quinto passo — estabelecer METAS DE UM ANO — costuma ser o mais difícil. Muitas pessoas perguntam: "E se a maior parte do que faço hoje não estiver alinhada de nenhum modo com meu propósito de liderança? Como chego daqui até lá?" Descobrimos duas formas de lidar com esse problema. Em primeiro lugar, pense se você pode mudar partes de seu trabalho, ou alterar a forma como faz algumas tarefas, para que se tornem uma expressão de seu propósito. Por exemplo, a expressão "barco em condições de navegar" ajuda *Richard* a ver o significado de gerir um processo básico de aquisição. Em segundo lugar, veja se você pode acrescentar uma atividade 100% alinhada com seu propósito. Descobrimos que a maioria das pessoas tem condições de dedicar entre 5% e 10% de seu tempo a algo que lhe dê energia e ajude os outros a ver seus pontos fortes.

Veja a decisão de *Richard* de contribuir para o esforço de aquisições estratégicas globais – não é parte de seu trabalho cotidiano, mas permite que ele se envolva em um projeto mais voltado para seu propósito:

UM PLANO DE PROPÓSITO COM IMPACTO

Este exemplo de plano mostra como "Richard" usa seu propósito único de liderança para vislumbrar grandes aspirações e depois trabalha retroativamente para definir metas mais específicas.

1 CRIE UMA DECLARAÇÃO DE PROPÓSITO

Aproveitar todos os elementos para ganhar a corrida.

2 ESCREVA A EXPLICAÇÃO

Adoro velejar. Da minha adolescência até os 20 e poucos anos, disputei provas de alto desempenho em barcos de três pessoas e quase chegamos à Olimpíada. Agora a vela é meu hobby e minha paixão – um desafio que requer disciplina, equilíbrio e coordenação. Nunca se sabe o que o vento vai fazer. No final, só se ganha a corrida confiando na intuição, no fluxo e nas capacidades combinadas da equipe. Tudo depende de como se leem os elementos.

3 DEFINA METAS PARA TRÊS A CINCO ANOS

Ser conhecido por treinar as melhores equipes e ganhar as grandes corridas: assumir um papel global de aquisições e usar a oportunidade para minha organização superar a concorrência.

COMO FAZER?

- Fazer todos se sentirem parte da mesma equipe
- Navegar sob condições imprevisíveis vendo tesouras de vento antes de todo mundo
- Ficar calmo quando perdermos corridas individuais. Aprender e preparar-se para as próximas

Celebrar minha equipe de terra: garantir que a família tenha uma coisa que façamos que nos una.

4 DEFINA METAS PARA DOIS ANOS

Ganhar o ouro: implantar um novo modelo de aquisições, redefinindo nosso relacionamento com fornecedores e gerando economia de custo de 10% para a empresa.

Enfrentar o desafio da categoria superior de corrida: assumir uma função europeia com responsabilidades mais amplas.

COMO FAZER?

- Prever e em seguida enfrentar os desafios difíceis
- Insistir em soluções inovadoras, embora rigorosas e pragmáticas
- Montar e treinar a equipe vencedora

Desenvolver minha equipe de terra: ensinar os meninos a velejar.

5 DEFINA METAS PARA UM ANO

Buscar o ouro: começar a desenvolver novos processos de aquisição.

Vencer a corrida curta: entregar o projeto Sympix antes do esperado.

Construir um barco em condições de navegar: manter os processos do TFLS dentro das previsões de custo e de caixa.

COMO FAZER?

- Acelerar a reconfiguração da equipe
- Obter a aprovação da diretoria para a nova abordagem de aquisição

Investir em minha equipe de terra: tirar duas semanas de férias, sem e-mail.

6 MAPEIE OS PRÓXIMOS PASSOS CRUCIAIS

Montar a tripulação: finalizar contratações.

Traçar o rumo: estabelecer bases para os projetos Sympix e TFLS.

COMO FAZER?

Seis Meses:

- Finalizar planos de sucessão
- Estabelecer cronograma do Sympix

Três Meses:

- Conseguir um substituto de primeira categoria para Jim
- Marcar "janelas de ação" para concentração, sem e-mail

30 Dias:

- Trazer Alex de Xangai
- Concordar sobre métricas do TFLS
- Fazer encontro de um dia fora da empresa sobre o Sympix

Reconectar-me com minha equipe de terra: passar mais tempo com Jill e os meninos.

7 EXAMINE RELAÇÕES-CHAVE

Sarah, gerente de RH.

Jill, chefe de minha "equipe de terra".

AGORA, FAÇA O SEU PLANO DE PROPÓSITO.

SEU NOME:

1. Crie uma declaração de propósito

2. Escreva a explicação

3. Defina metas para três a cinco anos
   – Como fazer?

4. Defina metas para dois anos
   – Como fazer?

5. Defina metas para um ano
   – Como fazer?

6. Mapeie os próximos passos cruciais
   – Como fazer?

7. Examine relações-chave.

A MINHA HISTÓRIA SOBRE ESTE LIVRO

Desafiar-se! Foi essa a minha sensação quando assinei o contrato com a Editora para a publicação do meu primeiro livro. Projeto longo, inédito e expositivo. Publicar vai além da página, da frase e da palavra. Assim como um líder de primeira viagem somos lançados no campo e temos que encontrar a nossa trilha, o jeito de escrever a nossa história e acreditar no impacto do seu propósito.

Para me apoiar nesse desafio de escrever o livro, usei a minha experiência profissional que começou como recreador de festas infantis, monitor de acampamento de férias, gerente de lazer de um hotel, empreendedor em jogos corporativos, assistente da disciplina de criatividade, instrutor de cursos *in company* e, depois de dez anos, surgiu um convite para ser professor de criatividade na pós-graduação da ESPM – *Escola Superior de Propaganda e Marketing*. Depois de cinco anos como professor dessa disciplina, surgiu uma formação interna para professor da disciplina de *O Fator Humano nas Organizações*. A partir daí, comecei a estudar sobre o comportamento humano, as relações interpessoais e o impacto de um líder nas pessoas e nas equipes.

Nos últimos quinze anos convivo com diferentes tipos de líderes nas escolas, empresas e programas de desenvolvimento profissional que atuo como professor, facilitador ou instrutor. Os relatos que ouço, as histórias que eles me contam e compartilham com o grupo foram o ponto de partida para a construção do livro.

Na sua estreia como líder, você perceberá que a mudança é constante e que apenas acelera e desacelera em momentos diferentes. De todas as mudanças, a mais desafiadora será mudar a si próprio. Pensar de uma forma diferente a partir do momento que você se tornou um líder. Mudar de função é, ao mesmo tempo, um dia inesquecível e uma série de novas tarefas que precisam rapidamente ser aprendidas, praticadas e ensinadas. Ensinadas, sim, pois, se você quer aprender algo, tente ensinar a alguém esse conteúdo. Pode parecer engraçado, mas você realmente aprende quando você ensina. Essa transformação da forma de pensar, mudança de *mind set* – é um exercício diário. Procurei ao longo deste livro contar histórias, dar várias dicasDukas, apresentar uma ideia para que te inspire em ser um líder e em fazer a diferença na vida das pessoas.

A você, caro leitor, muito obrigado por ter chegado até aqui. Gostaria muito de receber seus comentários sobre o livro. (paulovcampos10@gmail.com).

Um grande abraço.

SOBRE O AUTOR

PAULO VIEIRA DE CAMPOS é Mestre em Psicologia da Educação-PUC, Pós-graduado em Marketing e Comunicação-ESPM, Graduado em Administração de Empresas-FAAP e Educação Física-USP.

Atua em Recursos Humanos há 27 anos, com aprendizagem e implementação de projetos em Educação Corporativa nos temas de Liderança, Gestão de Pessoas e Autoconhecimento.

É professor há 25 anos em cursos de Pós-Graduação e Educação Executiva no Insper-SP, ESPM-SP, Sustentare-SC, Escola Conquer nas disciplinas de liderança, autoconhecimento, gestão de pessoas, trabalho em equipe, influência, feedback, comunicação, inteligência emocional, relacionamento interpessoal, andragogia, técnicas de apresentação e criatividade.

Autor do *site* Mochileiro Corporativo.

Colunista e professor no *Meusucesso.com* e *MBA60segundos.com*

Instrutor na Affero.Lab desde 2007 e na Across desde 2012, onde participa na construção e aplicação de aulas, programas e treinamentos junto aos clientes.

Qualificado no uso dos instrumentos MBTI, EQ-i 2.0, Firo-B, TKI e DISC.

Tem formação em Coaching Action Learning e Mentor Talks.

Empresas já atendidas Arysta, ArcelorMittal, Bayer, Banco Central, Bradesco, Bunge, Casa da Educação, Coca-Cola, Vonpar, Contax, Disney, Fenabrave, Gerdau, HSM, Hübner, IFF, Ipiranga, Komatsu, Mondelez, Natura, Novartis, Novelis,

O Boticário, Ogilvy, Penske, Philip Morris, Previnorte, Promon, Redecard, Rede Globo, Renault, Renner, Rodobens, Santander, Sascar, Sky, Seara, Sicredi, Tecnisa, Toyota, Unilever, Vivo, Votorantim, Whirlpool e VW.

Já realizou mais de 2.100 palestras para 105 mil pessoas em organizações de diversos segmentos nos temas relacionados a comportamento humano e desenvolvimento profissional.

Paulista, casado e 2 filhos.

Reside em Curitiba.